དཔའ་རིས་སངས་རྒྱས་ཀྱི་གསུང་རྩོམ་དེབ་ཕྲེང་།

༄། །སློབ་སྦྱོར་སྒྲོལ་འབྱེད་ངག་གི་རོལ་མཚོ།

དཔའ་རིས་སངས་རྒྱས་ཀྱིས་བརྩམས།

ཀྲུང་གོའི་བོད་རིག་པ་དཔེ་སྐྲུན་ཁང་།

U0845208

图书在版编目（C I P）数据

藏语声韵学创新 : 藏文 / 马进武著. -- 北京 :
中国藏学出版社, 2023.8
(马进武文丛)
ISBN 978-7-5211-0123-2

Ⅰ. ①藏… Ⅱ. ①马… Ⅲ. ①藏语－音韵学－研究
Ⅳ. ①H214

中国版本图书馆CIP数据核字(2019)第018305号

藏语声韵学创新

马进武◎著

责任编辑：西日东智
封面设计：李 建 雄
排 版：宗拉昌瓦排版工作室

出版发行：中国藏学出版社
印 刷：中国电影出版社印刷厂
开 本：787mm×1092mm 1/16
印 数：1-5000册
印 张：9.5
版 次：2023年11月第1版
印 次：2023年11月第1次印刷

书 号：978-7-5211-0123-2 定 价：36.00元

版权所有，侵权必究

རྗེས་པ་པོའི་མཛད་རྣམ་མདོར་བསྡུས།

བོད་ཀྱི་རིག་གནས་སྲི་དང་ཁྱད་པར་བརྡ་སྤྲོད་དང་མངོན་བརྗོད། སྡེབ་སྦྱོར་བཅས་ཐ་སྙད་རིག་གནས་ཀྱི་གནས་རེ་རེ་ནས་བརྩམས་པའི་བསྟན་བཅོས་མཛད་ཅིང་དེ་དག་གི་འཆད་ཉན་རྒྱ་ཆེར་སྤེལ་བའི་མཁས་དབང་ཆེན་མོ། སྐུ་ཚེ་ཐོས་པ་དང་མི་རིགས་སློབ་གསོ་དང་བོད་ཀྱི་སྐད་ཡིག་གི་ལས་དོན་དང་སྐོམས་པར་མཛད་པའི་དགེ་རྒན་ཆེན་མོ། རྒྱ་བོད་སྐད་གཉིས་ལ་བྱང་ཆུབ་པའི་ལོ་ཙྪ་བ་ཆེན་མོ་དཔལ་རིས་སངས་རྒྱས་མཆོག་ནི། མདོ་སྨད་ཙོང་ཁའི་ཤར་ཕྱོགས་ཀྱི་སའི་ཆ་དཔལ་རིས་ཞྭ་དམར་ཚོ་པའི་རྨ་ཆེན་ཚང་ཞེས་པར་ཡབ་རྗེ་རྫེ་ཚེ་རིང་དང་ཡུམ་གདུགས་དཀར་སྐྱིད་གཉིས་ཀྱི་སྲས་སུ་བོད་རབ་བྱུང་བཅོ་ལྔ་པའི་ལྕགས་ཕོ་རྟ་སྤྱི་ལོ་༡༩༢༧པར་སྐུ་འཁྲུངས། སྐྱེས་མིང་ལ་སངས་རྒྱས་སྐྱབས་ཞུ། སྤུན་མཆེད་དྲུག་ཡོད་པའི་ནང་གི་གཉིས་པ་ཡིན། ཆུང་དུས་ནས་བློ་རིག་གསལ་ཞིང་རང་བཞིན་བཟང་ལ། གང་བརྩམས་ལས་ཀྱི་མཐར་འདོན་པ་ལ་སྙིང་ཐུས་གཞན་ལས་ཆེ་བ་ཞིག་ཡོད། ཡིན་ནའང་དུས་ཀྱི་དབང་གིས་རིག་གནས་སློབ་གཉེར་གྱི་གོ་སྐབས་མ་ཉེད་པར་དགུང་ལོ་བཅོ་ལྔ་མ་སླེབས་བར་རང་ཁྱིམ་དུ་ཕྱུགས་རྫི་བྱས། དགུང་ལོ་བཅོ་ལྔ་པར་རྒྱའི་དགེ་རྒན་ཞིག་བསྟེན་ནས་རྒྱ་ཡིག་གི་ཀློག་བསླབས། རྒྱའི་ཡི་གེ་གསུམ་པའི་མདོ་དང་ཀྲུའུ་ཙི་བསླབ་བྱ་སོགས་ཀློར་ཤར་མར་བཟུང་ཡང་ཚིག་དོན་གྱི་གོ་བར་སྐྱིད་མ་ཐོན་པས། ཆེད་དུ་ཐོ་ཁུར་ནས་ཧྲ་ལམ་ཉིན་གཅིག་གི་སས་ཚོད་པའི་དགོ་ལུང་ཏ་ཅིན་སློབ་ཆུང་ཞེས་པར་ཞུགས། དེར་སྔ་ཕྱིར་ལོ་གསུམ་ལྷག་ལ་བསླབ་པའི་རིམ་པ་བཞིན་རྒྱ་ཡིག་དང་རྩིས་གཙོ་བོར་སྦྱངས། དེ་ནས་༡༩༥༩ལོའི་

བར་ཡུལ་ཕྱོགས་གང་སར་འཁྲུག་ཟིང་ཆེ་བས་ལོ་གཉིས་ཙམ་ལ་སློབ་གཉེར་གྱི་མཚམས་ཆད། ༡༩༥༠ལོར་ཡང་བསྐྱར་ཧ་ཅིན་ཆ་ཚང་སློབ་ཆུང་ཞེས་པར་ཞུགས་ཤིང་༡༩༥༡ལོའི་ཟླ་༦པར་སྨྱུངས་འབྲས་ཨང་དང་པོ་དང་བཅས་སློབ་མཐར་ལེགས་པར་ཕྱིན། ཁོང་ཉིད་ཀྲུང་གོ་གསར་པ་བཙུགས་རྗེས་སུ་སློབ་གྲྭ་དེ་ནས་ཐོན་པའི་བོད་རིགས་ཐོག་མར་གྱུར་པས་དགེ་སློབ་ཀུན་གྱིས་རྟེན་འབྲེལ་ལེགས་གསོལ་གྱི་མཛད་སྒོ་གཟབ་རྒྱས་བསྡུས་ཤིང་ཞྭ་དམར་ཆོ་བ་ལྷུས་རྒྱུགས་སྟོན་ཉིན་གསུམ་བཤམས།

༡༩༥༡ལོའི་ཟླ་༩པར། ལོ་སྟོན་མར་གསར་དུ་ཚུགས་པའི་ནུབ་བྱང་མི་རིགས་སློབ་གླིང་གི་དངོས་གཞི་ཚན་སྐོར་གྱི་བོད་ཡིག་འཛིན་གྲྭར་ཞུགས། ༡༩༥༢ལོའི་ཟླ་༢པ་ནས་ལོ་ཕྱེད་རིང་ཀྲང་ཙ་ཁྲིན་སྡེ་བར་ས་ཞིང་བཙོས་བསྒྱུར་དུ་ཕེབས་ཤིང་། ༡༩༥༣ལོའི་དཔྱིད་ཀ་ནས་ལོ་ཕྱེད་རིང་བྱང་ཤར་སྐྱ་དམག་ཧྲི་དང་པོའི་ཀན་ལྷོའི་“ཛག་འདུལ”གྱི་ལོ་ཟླ་བའི་འགན་བཞེས། ༡༩༥༥ལོའི་དཔྱིད་ཟླ་ར་བར་ནུབ་བྱང་མི་རིགས་སློབ་གླིང་ནས་སློབ་མཐར་ཕྱིན་ཏེ་སློབ་གླིང་དེ་གའི་དགེ་རྒན་གནང་། དེར་ཐོག་མར་ལས་བྱེད་གསོ་སྐྱོང་སྡེ་ཁག་གི་ཆབ་སྲིད་ལོ་ཟླ་བ་དང་དེ་ནས་གྲྭ་ཁྲིག་ཚན་སྐོར་གྱི་དགེ་རྒན། སློབ་ཆུང་འཛིན་གྲྭའི་བདག་གཉེར་དགེ་རྒན་སོགས་ཀྱི་འགན་བཞེས་ནས་སློབ་ཁྲིད་དང་ལོ་ཟླ། བསླབ་དེབ་རྩོམ་སྒྲིག །བསླབ་གཞི་འཆར་འགོད། སློབ་མ་བདག་གཉེར་སོགས་ཀྱི་ལས་དོན་ཆེ་ཕྲ་མཐའ་དག་གི་ཁུར་གང་བབས་ལེ་ཤོར་མེད་པ་གནང་།

༡༩༦༥ལོར་རྨ་ཆུ་མཚོ་སྔོ་མར་སྤྱི་ཚོགས་རིང་ལུགས་ཀྱི་ལམ་ལུགས་སློབ་གསོའི་ལས་འགུལ་དུ་ཞུགས། ལོ་ཕྱེད་ཙམ་གྱི་རྗེས་ནས་ཕྱིར་སློབ་གྲྭར་ལོག་ནས་སློབ་ཕྲུག་ཚོའི་འཐབ་རྩོད་དང་གཅར་རྡུང་ཡུན་རིང་མྱངས། ༡༩༧༠ལོར་“རིག་གསར”གྱི་རྐྱེན་གྱིས་སློབ་གླིང་ཐོར་བས་ཁོང་ཀླུ་ཆུ་རྫོང་ཟམ་ཚ་ཀུང་ཧྲེར་ཕེབས་ཏེ། ཀུང་ཧྲེ་དེ་གའི་སློབ་གསོའི་ལས་སྣ་དང་ཟམ་ཚ་སློབ་འབྲིང་གི་འགོ་ཁྲིད་ཀྱི་འགན་གཅིག

རྫོགས་སུ་བཞེས། དེར་ཡུལ་མིའི་བྲིས་པ་སློབ་གྲྭར་ཞུགས་མཁན་ཤིན་ཏུ་ཉུང་བ་དང་འགྲོ་འོང་སྟབས་མི་བདེ་བ་སོགས་ལ་དམིགས་ནས་རང་འགན་ཐེག་པ་ཁྱེར་ཡིན་གྱིས་དམངས་སྨྱུབ་དགེ་རྒན་རྒྱལ་ཡོ་དང་ཁོང་གཉིས་ཀྱིས་ཟམ་ཚ་ཏུ་མོ་ཆེ་ཞེས་པར་སློབ་ཆུང་ཞིག་བཙུགས་ཤིང་དེར་བྲིས་པ་བརྒྱད་ཅུ་ལྷག་འདུས། ཉིན་མོར་བྲིས་པ་རྣམས་ལ་རྒྱ་ཡིག་སློབ་ཁྲིད་དང་། མཚན་མོ་དང་ཁོམ་གསེང་གང་ཡོད་དུ་ཐབས་མཁས་ཀྱིས་མདོ་ཅེ་ཏུང་གི་གསུང་རྩོམ་གྱི་ཐོག་ནས་མང་ཚོགས་རྣམས་ལ་བོད་ཡིག་ཁྲིད་ཅིང་གོ་བསྐོན་སློབ་གསོའི་ལམ་ནས་བྲིས་པ་མང་པོ་སློབ་གྲྭར་བསྐུལ།

༡༩༧༥ལོར་ཁོང་ཀན་ལྷོ་མི་རིགས་སློབ་གྲྭ་གསར་འཛུགས་ཀྱི་ལས་བྱེད་ཁོངས་སུ་ཚོགས་བཙུགས། དེར་གཙོ་བོ་བསླབ་དེབ་རྩོམ་སྒྱུར་ཚན་ཆུང་གཉིས་ཀྱི་མགོ་ཁྲིད་དེ་སློབ་གྲྭ་དེ་གའི་བསླབ་དེབ་༨དང་ཀན་ལྷོའི་སློབ་གྲྭ་ཆུང་འབྲིང་གི་བསླབ་དེབ་༡༢རྩོམ་སྒྲིག་གི་ལས་ཀར་ཞུགས་པ་དང་། སློབ་གྲྭ་དེ་གའི་རིག་གནས་འཛིན་གྲྭ་དང་པོའི་བདག་གཉེར་དང་སློབ་ཁྲིད་ཀྱི་འགན་ཡང་བཞེས། གཞན་ཡང་སྐབས་དེའི་བོད་ཡིག་བཅོས་བསྒྱུར་གྱི་«ཟིན་བྲིས་གནད་བསྡུས»ཞེས་པ་ལ་ས་གནས་ཀྱི་ཤེས་ཡོན་ཅན་༣༨ཙམ་གྲོགས་སུ་སྤྱན་ནས་དགག་གཞག་ཚ་ནན་བཏང་།

༡༩༧༤ལོར་ནུབ་བྱང་མི་རིགས་སློབ་གླིང་གི་གྲངས་ཉུང་མི་རིགས་སྐད་ཡིག་སྡེ་ཁག་གི་དགེ་རྒན་དུ་ཕེབས། དེར་བོད་ཡིག་སློབ་དཔྱོད་ཁང་གི་འགོ་ཁྲིད་གཉེན་པ་དང་འགོ་ཁྲིད་ཀྱི་འགན་སྡེ་ཕྱིར་བཞེས་ནས་དགེ་སློབ་རྣམས་ཀྱི་འཚོ་བའི་ཆ་རྐྱེན་ཚུན་ཆད་ནས་སློབ་ཁྲིད་དང་བསླབ་དེབ་ཀྱི་དཀའ་ངལ་སོགས་གནད་དོན་གང་ཅིར་ཐབས་མཁས་ཀྱི་སྒོ་ནས་འཕྲུར་སེམས་ཆེར་སྐྱེད་གནང་ཞིང་། མཁས་པའི་དབང་པོ་ཚེ་ཏན་ཞབས་དྲུང་འཛིགས་མེད་རིགས་པའི་བློ་གྲོས་མཆོག་(༡༩༧༩ལོར)དང་དོར་ཞི་བློ་བཟང་ཐུབ་བསྟན་ཆོས་འཕེལ་(༡༩༤༣ལོར་)རྣམ་གཉིས་སྤྱི་ཕྱིར་སློབ་གྲྭར་གདན་འདྲེན་ཞུ་བར་མཐུན་འགྱུར་རོགས་རམ་གང་མང་གནང་བ་

དང་། ༡༩༧༩ལོ་ནས་བོད་ཡིག་ཆེད་ལས་ཀྱི་ཞིབ་འཇུག་སློབ་མ་ཐོག་མར་བསྡུས་ཐོག་གོང་རིམ་ལ་རེ་བ་ཞུས་པ་བཞིན་སཾསྐྲྀཏའི་སྐད་ཞིབ་འཇུག་སློབ་མའི་རྒྱུགས་ལེན་གྱི་ཕྱི་ཡིག་ཏུ་ངོས་ལེན་བྱུང་བ། དེ་བཞིན་བོད་ཀྱི་སྐད་ཡིག་རྩོམ་རིག་ཆེད་ལས་ཀྱི་དངོས་གཞི་སློབ་མ་བསྡུ་བར་བོད་ཡིག་གི་ལམ་ནས་རྒྱུགས་ལེན་པའི་ཚོག་མཆན་ཐོབ་པ་དང་། རྒྱང་ཡིག་ཆེད་ལས་ཀྱི་དངོས་གཞི་སློབ་མ་གསར་དུ་བསྡུས་པ་སོགས་ཀྱིས་མཚོན་པའི་ལས་དོན་མང་པོར་ཞབས་འདེགས་ཚུལ་བཞིན་བསྒྲུབས་ཤིང་། རང་འབྲིའི་བྱ་བ་ཆེ་ཕྲ་ཀུན་འཐུས་ཤོར་མེད་པ་གནང་། ལོ་མང་པོའི་རིང་གི་སློབ་ཁྲིད་དང་ལོ་རྒྱུའི་ལག་ལེན་དངོས་ཀྱི་ཉམས་མྱོང་གཞིར་བྱས་ཤིང་བོད་ཀྱི་སྐད་དང་ཡི་གེའི་ཐུན་མོང་མ་ཡིན་པའི་བརྡ་སྤྲོད་ཀྱི་ཁྱད་ཆོས་ལ་ལེགས་པར་དཔྱད་དེ་«རྟགས་འཇུག་གི་གནད་དོན་དང་དཀའ་གནད་»ཅེས་པའི་དཔྱད་རྩོམ་ཐོག་མ་༡༩༨༣ལོའི་«མཚོ་སྔོན་སློབ་གསོ་»དེབ་ལྔ་པར་བཀོད་པ་དང་། «བདག་གཞན་ཕན་ཚུན་རྟེན་ཅིང་འབྲེལ་བའི་འགྱུར་ལུགས་»ཞེས་པ་དང་། «བོད་སྐད་ཀྱི་བྱ་བ་རིགས་གསུམ་གྱི་ཁྱད་པར་དང་འབྲེལ་བ་»ཞེས་པའི་དཔྱད་རྩོམ་གཉིས་༡༩༨༦ལོའི་«ནུབ་བྱང་མི་རིགས་སློབ་གླིང་གི་རིག་གཞུང་དུས་དེབ་»དེབ་དང་པོ་དང་གཉིས་པར་སྤེལ་བ་སོགས་ཀྱིས་མཚོན་བོད་སྐད་ཀྱི་བརྡ་སྤྲོད་ལས་བརྩམས་པའི་དཔྱད་རྩོམ་བཅུ་ཙམ་རིམ་པར་སྤེལ། ཡང་བོད་སྐད་ཀྱི་མིང་གི་སྦྱོར་བ་དང་ཐུན་མོང་མ་ཡིན་པའི་དཔེ་འགོད་སྟངས་སོགས་ལ་ལེགས་པར་དཔྱད་ཅིང་། «དཔེ་ཆོས་རིན་ཆེན་སྤུངས་པ་»དང་«གླིང་སྒྲུང་»སོགས་ལས་དཔེ་མང་པོ་བཏུས་ནས་༡༩༨༥ལོའི་ཟླ་༤པར་«དཔེ་ཆོས་རྣ་བའི་བདུད་རྩི་»ཞེས་པ་བརྩམས་པ་མཚོ་སྔོན་མི་རིགས་དཔེ་སྐྲུན་ཁང་ནས་པར་དུ་བཏབ།(ཕྱིས་༡༩༩༩ལོར་ཡང་བསྐྱར་ཞུས་དག་ཁ་སྐོན་དང་བཅས«དཔེ་ཆོས་ཚིག་མཛོད་»ཅེས་པ་མཚོ་སྔོན་མི་རིགས་དཔེ་སྐྲུན་ཁང་ནས་པར་དུ་བཏབ།)

༡༩༨༨ལོ་ནས་བཟུང་ཞིབ་འཇུག་སློབ་མའི་མཛུབ་སྟོན་དགེ་རྒན་གནང་བ་

དང་། ལོ་དེའི་སྟོན་ཁ་ནས་ལོ་གསུམ་དང་ཕྱེད་ཀའི་རིང་གྲངས་ཉུང་མི་རིགས་ཀྱི་སྐད་ཡིག་སྡེ་ཁག་གི་འགོ་ཁྲིད་ཀྱི་འགན་བཞེས་ནས་དགེ་སློབ་རྣམས་ཀྱི་སྒྲིག་ལམ་གྱི་རྗེང་སྐྱུལ་དང་སྐབས་བབས་ལས་དོན་གྱི་རིམ་པར་ཚགས་འཛིན་དོ་དམ་གང་ཞིབ་གནང་། ༡༩༨༧ལོའི་ཟླ་༡༡པར་བོད་ཀྱི་སློབ་གྲྭ་ཆེ་འབྲིང་ཁག་གི་བསླབ་དེབ་ཏུ་གྱུར་པའི་«བརྡ་སྤྲོད་གསལ་བྱེད་ངག་སྒྲོན་»ཞེས་པ་བརྩམས་ནས་ཀན་སུའུ་མི་རིགས་དཔེ་སྐྲུན་ཁང་ནས་པར་དུ་བཏབ་ཅིང་དེ་ལ་རྒྱལ་ཁབ་དོན་གཅོད་ཨུ་ཡོན་ལྷན་ཁང་གི་སྤྱི་ཚོགས་ཚན་རིག་ཞིབ་འཇུག་གི་གྲུབ་འབྲས་བྱ་དགའ་ཨང་གསུམ་པ་ཐོབ། (དེབ་དེར་ཕྱིས་སུ་མཚོ་སྔོན་མི་རིགས་དཔེ་སྐྲུན་ཁང་གི་༡༩༩༨ལོའི་པར་གཞི་ཞིག་དང་། བོད་ལྗོངས་བོད་ཡིག་དཔེ་རྙིང་དཔེ་སྐྲུན་ཁང་གི་༢༠༡༡ལོའི་པར་གཞི་ཞིག་བཅས་པར་གཞི་མི་འདྲ་བ་གསུམ་ཡོད་ལ་དེ་དག་ཁྲོན་བསྡོམས་དཔར་ཐེངས་ལྔ་ལ་སླེབས་ཡོད།) ཕྱི་ལོར་ཀན་སུའུ་ཞིང་ཆེན་གྱི་སློབ་གསོའི་སྐྱིད་ཚལ་སྐྱོང་མཁན་ཞེས་པའི་མཚན་སྙན་ཐོབ། གཞན་ཡང་«ཚན་རིག་གི་རྒྱུན་ཤེས»(ཀན་སུའུ་མི་རིགས་དཔེ་སྐྲུན་ཁང་། ༡༩༩༧ལོ།)ཞེས་པ་དང་«འཕྲུངས་གླིང་»(ཀན་སུའུ་མི་རིགས་དཔེ་སྐྲུན་ཁང་། ༡༩༨༣ལོ།) «གྲུ་གུ་གོ་རྫོང་»(ཀན་སུའུ་མི་རིགས་དཔེ་སྐྲུན་ཁང་། ༡༩༨༦ལོ། དེབ༥)བཅས་སྒྲུང་དཔེ་ཁག་ཅིག་དང་། «རྗེ་བཙུན་བྱམས་པ་མཐུ་སྟོབས་ཀུན་དགའ་རྒྱལ་མཚན་གྱི་རྣམ་ཐར་»(ཀྲུང་གོའི་བོད་ཀྱི་ཤེས་རིག་དཔེ་སྐྲུན་ཁང་། ༡༩༩༥ལོ།) དང་«དཔའ་རིས་རབ་གསལ་གྱི་གསུང་འབུམ་»(ཀན་སུའུ་མི་རིགས་དཔེ་སྐྲུན་ཁང་། ༡༩༨༦ལོ།)བཅས་ཞུས་དག་པར་སྐྲུན་གནང་ཞིང་། ནུབ་བྱང་མི་རིགས་སློབ་གླིང་གེ་སར་ཞིབ་འཇུག་ལས་ཁུངས་ཀྱི་གེ་སར་སྒྲུང་ཡིག་ཆེན་མོ་ཞེས་པའི་དཔེ་ཚོགས་པོད་༣༥ཞུས་དག་གཏན་འབེབས་མཛད།

༡༩༩༣ལོར་རྒྱལ་སྲིད་སྤྱི་ཁྱབ་ཁང་གི་དམིགས་བསལ་ཕོགས་དངུལ་ཐོབ། ༡༩༩༥ལོར་«སྒེབ་སྦྱོར་རིག་པའི་སྤྲོལ་འཕྲེད་ངག་གི་རོལ་མཚོ་»ཞེས་པ་སྟེ། བོད་ཀྱི་སྐད་གདངས་དྲག་ཞན་བར་མ་དང་དབྱངས་ཀྱི་ང་རོ་བཀུག་སྒྲེང་བསྟོད་སྨད་

དྲང་བ་བཅས་ཀྱི་གནས་ལུགས་གསལ་བར་བྱེད་པའི་བོད་ཀྱི་སློབ་སྦྱོར་རིག་པའི་གཞུང་དེ་བརྩམས་ནས་ཀན་སུའུ་མི་རིགས་དཔེ་སྐྲུན་ཁང་ནས་པར་དུ་བཏབ།

༡༩༩༨ལོའི་ལོ་མཇུག་ཏུ་ལས་གནས་ནས་རྒན་ཡོལ་ཞུས། ༡༩༩༧ལོར་ཀྲུང་ཧྭ་མི་དམངས་སྤྱི་མཐུན་རྒྱལ་ཁབ་རིག་གནས་པུའུ་དང་། རྒྱལ་ཁབ་མི་རིགས་དོན་གཅོད་ཨུ་ཡོན་ལྷན་ཁང་། ཀྲུང་གོའི་རྩོམ་རིག་སྒྱུ་རྩལ་ལྷན་ཚོགས། ཀྲུང་གོའི་སྤྱི་ཚོགས་ཚན་རིག་གླིང་བཅས་ཀྱིས་ཁོང་ལ་དཔའ་བོའི་ལོ་རྒྱུས་སྣན་རྩོམ་གེ་སར་སྒྲུང་གླུར་སྐྱོབ་དང་ཞིབ་འཇུག་ལ་བྱས་རྗེས་ཁྱད་འཕགས་བཞག་པའི་སྔོན་ཐོན་མི་སྣ་ཞེས་པའི་མཚན་སྙན་གནང་། དེའི་ཕྱི་ལོ་ནས་སློབ་གྲྭའི་སྐར་གདན་ཞུས་བཞིན་ཕེབས་ནས་༢༠༡༠ལོའི་བར་སྤྱི་ཕྱིར་ལོ་༡༥ཙམ་ལ་བོད་ཡིག་སྡེ་ཁག་གི་ཞིབ་འཇུག་སློབ་མ་རྣམས་ལ་བརྡ་སྤྲོད་ཀྱི་དཀའ་གནད་ལས་བརྩམས་པའི་སློབ་ཁྲིད་ལོ་བསྟར་ཆགས་སུ་གནང་། གཞན་ཡང་ཀན་སུའུ་མི་རིགས་དགེ་ཐོན་སློབ་གླིང་དུ་ཟླ་གཉིས་རིང་བརྡ་སྤྲོད་སློབ་ཁྲིད་གནང་བ་དང་། མཚོ་སྔོན་ཞིང་ཆེན་མཚོ་ལྷོ་ཁུལ་དགེ་ཐོན་སློབ་གྲྭར་ཟླ་ཕྱེད་རིང་རྟགས་འཇུག་སློབ་ཁྲིད་གནང་། མཚོ་སྔོན་ནང་བསྟན་སློབ་གླིང་དུ་ཟླ་གཅིག་རིང་སློབ་སྦྱོར་དང་བརྡ་སྤྲོད་སྐོར་སློབ་ཁྲིད་གནང་། དཔའ་རིས་རྫོང་བོད་རིགས་སློབ་འབྲིང་དང་བསང་ཆུ་རྫོང་བོད་རིགས་སློབ་འབྲིང་སོགས་ཀྱིས་མཆོན་སློབ་གྲྭ་ཆུང་འབྲིང་མང་པོར་དུས་ཐུང་དཔེ་ཁྲིད་གནང་བ་སོགས་ཕྱོགས་ཕྱོགས་སུ་ཕེབས་ནས་རིག་གཞུང་འཆད་ཁྲིད་ཐེངས་མང་གནང་།

ཡང་༡༩༩༧ལོའི་ཟླ་༥པར་བོད་ཀྱི་ཡིག་གཟུགས་འབྲི་ཚུལ་གྱི་རྣམ་གཞག «བོད་ཡིག་འབྲི་ཚུལ་མཐོང་བ་ཀུན་སྨོན»ཞེས་པ་བརྩམས་ནས་མི་རིགས་དཔེ་སྐྲུན་ཁང་ནས་པར་དུ་བཏབ་ཅིང་། དེ་ལ་ཞིང་ཆེན་རིམ་པའི་བྱ་དགའ་ཨང་གཉིས་པ་ཐོབ། ༡༩༩༩ལོའི་ཟླ་༡༢པར«དག་ཡིག་གབ་པ་མངོན་ཕྱུང»ཞེས་པ་བརྩམས་ནས་མཚོ་སྔོན་མི་རིགས་དཔེ་སྐྲུན་ཁང་ནས་པར་དུ་བཏབ།(འདི་ལ་ཀྲུང་གོའི་བོད་རིག་པ་དཔེ་སྐྲུན་ཁང་གི་༢༠༡༧ལོའི་པར་གཞི་ཞིག་ཀྱང་ཡོད།) ༢༠༠༨ལོར་

མཚོ་སྔོན་ཞིང་ཆེན་ཏང་ཚ་རྫོང་སྲིད་གཞུང་གིས“བདེ་འཛུགས་ཏང་ཚ་གསར་འཛུགས་དང་མཐུན་འགྲིག་གི་ཚོགས་གསར་བསྐྲུན་བྱེད་པ་”ཞེས་པའི་ཡིག་སྐྲུན་དང་དོན་སྐྲུན་ཅན་གྱི་ཡིག་ཆ་ཞིག་བཀྲམ་པ་ལ་ཁོང་གིས“དོན་དག་ཚབས་ཆེན་བྱུང་བའི་རྒྱ་བ་ཅི་རེད་ལེགས་པར་སོམས་”ཞེས་པའི་རྩོམ་ཞིག་བྲིས་ནས་བསྒྱུར་བས། དེ་གའི་སྲིད་གཞུང་གིས་ཁོང་གི་དགོངས་འཆར་དང་ལེན་གྱིས་བོད་ཡིག་བོད་སྐད་ཀྱི་བེད་སྤྱོད་དང་སློབ་གསོའི་སྐོར་ལ་ནུས་པ་བླ་ལྷག་ཐོན། ༢༠༠༨ལོའི་ཟླ་༩པར་«བརྡ་སྤྲོད་སྦྱོར་བ་རྣམ་བཞི་རབ་གསལ་»ཞེས་པ་བརྩམས་ནས་མི་རིགས་དཔེ་སྐྲུན་ཁང་ནས་པར་དུ་བཏབ།(དེབ་འདི་ལ་༢༠༡༠ལོའི་ཀྲུང་གོའི་བོད་རིག་པའི་རྗེ་མོ་སྨྲང་མའི་རིག་གཞུང་ཞིབ་འཇུག་གི་བྱ་དགའ་ཨང་གཉིས་པ་ཐོབ་པ་དང་། འདིར་ཡང་ཀྲུང་གོའི་བོད་རིག་པ་དཔེ་སྐྲུན་ཁང་གི་༢༠༡༧ལོའི་པར་གཞི་ཞིག་ཡོད།) ༢༠༡༠ལོའི་ཟླ་༦པར་«མངོན་བརྗོད་ཁུངས་བཙུན་རྒྱ་མཚོ་»ཞེས་པ་རྩོམ་སྒྲིག་གནང་ནས་ཀྲུང་གོའི་བོད་རིག་པ་དཔེ་སྐྲུན་ཁང་ནས་པར་དུ་བཏབ།(དེབ་འདི་ལ་པར་གཞི་མི་འདྲ་བ་གཉིས་ཡོད་པ་དང་པར་ཐེངས་ལྔ་ལ་སླེབས་ཡོད།) ༢༠༡༦ལོའི་ཟླ་༥པར་«བོད་ཡིག་ཚིག་སྦྱེབ་བསླབ་པའི་ཐབས་མཆོག་»ཅེས་པ་ཀྲུང་གོའི་བོད་རིག་པ་དཔེ་སྐྲུན་ཁང་ནས་པར་དུ་བཏབ།

༢༠༡༨ལོའི་ཟླ་༩པར་བོད་སྐད་ཀྱི་ཐ་སྙད་༣༡༠༠༠ཕྲག་གི་མིང་དོན་གསལ་བར་བཀྲལ་ཅིང་མིང་རེ་རེ་བཞིན་རིགས་ཀྱི་དབྱེ་བ་ཕྱེས་ཐོག་བོད་རྒྱ་ཤན་སྦྱར་དུ་བཀོད་པའི་མིང་མཛོད་ཆེན་མོ་«བོད་ཡིག་ཀུན་ཁྱབ་ཚིག་མཛོད་»ཅེས་པ་རྩོམ་སྒྲིག་ལེགས་པར་གྲུབ་ནས་ཀན་སུའུ་མི་རིགས་དཔེ་སྐྲུན་ཁང་ནས་པར་དུ་བཏབ། མིང་མཛོད་འདི་ནི་ཁོང་ཉིད་ལས་གནས་ལས་རྒན་ཡོལ་གནང་རྗེས་ཀྱི་ལོ་༡༥པ་སྟེ་དགུང་ལོ་བརྒྱད་ཅུ་པ་ནས་སྒྲིག་མགོ་བརྩམས་ཤིང་། དེ་ལ་ཀ་མད་ཀྱི་གོ་རིམ་ལྟར་ཐོག་མར་ཀ་སྡེའི་ཁོངས་ཀྱི་ཐ་སྙད་ནས་བཟུང་སྟེ་ཉིན་རེ་བཞིན་ཐ་སྙད་ཀྱི་བྱང་བུ་བཟོས། བྱང་བུ་རེ་ལ་ཐ་སྙད་རེ་རེ་བཞིན་འགྲེལ་པ་བསྡུས་ཤིང་གསལ་བར་བཀྱབ།

མིང་གི་རིགས་ཕྱེས། རྒྱ་ཡིག་གི་འགྱུར་བཀོད། དེ་ལྟར་ཉིན་རེ་བཞིན་ཆག་མེད་དུ་ཐ་སྙད་ཀྱི་བྱང་བུ་ཉི་ཤུ་ལྷག་ཙམ་རེ་ལོ་སྟེ་ཟླ་མཐུད་ཀྱིས་བསགས་ཤིང་དཀའ་སྤྱད་སྙིང་རུས་བརྟན་པོས་བརྩོན་པའི་རྒྱུན་བསྐྱངས་ཏེ་ལོ་ངོ་རྩིལ་པོ་ལྔ་ཙམ་གྱི་རིང་ལ་མ་ཕྱི་ལེགས་པར་གྲུབ། གྲུབ་ནས་ཀྱང་ཞུས་དག་གི་རིམ་པ་ཐེངས་གསུམ་ཙམ་བརྒྱུད་པ་སོགས་ཐོག་མཐའ་བར་གསུམ་དུ་ལོ་ངོ་བརྒྱད་ཙམ་ཕྱིན་ཡོད་ལ་དགུང་ལོ་བརྒྱད་ཅུ་གྱ་བརྒྱད་པར་དངོས་སུ་པར་དུ་བསྐྲུན།

ད་ལྟ་ཁོང་དགུང་ལོ་གོ་གསུམ་ལ་སླེབས་ཡོད་ཀྱང་ཐུགས་རིག་ཤིན་ཏུ་གསལ་ཞིང་སྐུ་བདེ་ཁམས་བཟང་ངོས་ཉེ་རིང་མེད་པར་རང་ཁྱིམ་དུ་སློབ་མ་རྣམས་ལ་དཔེ་ཁྲིད་བྱམས་པ་གང་ལྡོ་དང་དཔྱད་རྩོམ་ཞུས་དག་སོགས་ཀྱི་དགོས་འདོད་ཆར་དུ་འཛོ་བཞིན་བཞུགས་པ་དང་། དུས་རྒྱུན་དཔེ་གཟིགས་ཁོ་ནར་བརྩོན་ཅིང་ཕྱི་ནང་གི་གཡིང་བ་ཆེ་ཕྲ་མཐའ་དག་སྤངས་ཏེ་སྔར་བཞིན་རྩོམ་པ་དང་ལོ་ཙཱའི་ལས་ལ་འཇུག་བཞིན་པའི་སྐབས་ལགས་སོ། །

ཞེས་དགེ་རྒན་ཆེན་མོ་དཔལ་རིས་སངས་རྒྱས་མཆོག་གི་མཛད་རྣམ་གཙོ་བོ་ཁག་ཅིག་ལོ་ཚིགས་ལྟར་གྲུང་བསྒྲིགས་ནས་ཤིན་ཏུ་མདོར་བསྡུས་སུ་བྱས་པ་འདི་ནི། ཁོང་གི་གསུང་རྩོམ་ལེགས་སྒྲིག་པར་འདེབས་ཀྱི་བཀའ་མངགས་དང་དུ་བླངས་པའི་རྩོམ་སྒྲིག་པ་དང་ཁོང་གི་ཞལ་གསུང་བདུད་རྩིའི་ཐིགས་པ་དངོས་སུ་མྱངས་པའི་སྐལ་ལྡན་སློབ་བུའི་གྲལ་མཐའ་འཛིན་པ་ནག་ཉུ་ཤེར་དོན་པས་དེ་སྔ་ཁོང་གི་རྣམ་ཐར་སྒྲིག་རྩོམ་གྱི་ཞལ་བཀོད་སྩྱི་བོར་ཐོག་པ་བཞིན་སྐུ་བཅར་བཀའ་འདྲིའི་ཟིན་ཐྲིས་རགས་ཙམ་ཞིག་བཏབ་ཡོད་པ་གཞིར་བྱས་ནས་སྤྱི་ལོ༢༠༢༣ཟླ་བ༨པའི་ཚེས༢༢ཉིན་སྦྱར་བ་དགེའོ། །

དཀར་ཆག

རྩོམ་པ་པོའི་མཛད་རྣམ་མདོར་བསྡུས། 01

གླེང་གཞི། 1

ས་བཅད་དང་པོ། སློབ་སྦྱོར་གྱི་ཕན་ཡོན། 3

ས་བཅད་གཉིས་པ། སཾ་བོད་སྐད་གཉིས་ཀྱི་སློབ་སྦྱོར་མི་འདྲ། 5

ས་བཅད་གསུམ་པ། བོད་སྐད་ཀྱི་སློབ་སྦྱོར་རིག་པའི་སྲོལ་འབྱེད། 10

  དོན་ཚན་དང་པོ། ཡི་གེའི་སློབ་སྦྱོར། 11

  དོན་ཚན་གཉིས་པ། མིང་གི་སློབ་སྦྱོར། 13

    དང་པོ། འདོད་རྒྱལ་གྱི་མིང་གི་སློབ་སྦྱོར། 13

    གཉིས་པ། རྗེས་གྲུབ་ཀྱི་མིང་གི་སློབ་སྦྱོར། 19

    གསུམ་པ། སློབ་ལུགས་པར་སྦྱར་པའི་དཔེར་བརྗོད། 23

  དོན་ཚན་གསུམ་པ། མིང་གི་ཚོགས་པའི་སློབ་སྦྱོར། 33

  དོན་ཚན་བཞི་བ། ཚིག་ཕྲད་ཀྱི་སློབ་སྦྱོར། 34

  དོན་ཚན་ལྔ་བ། ཚིགས་བཅད་ཀྱི་སློབ་སྦྱོར། 38

    དང་པོ། ངག་འགྲོས་མཉམ་པའི་སློབ་སྦྱོར། 39

    གཉིས་པ། དོ་མཉམ་པའི་སློབ་སྦྱོར། 40

    གསུམ་པ། ཀློ་ཡང་སྤེལ་བའི་སློབ་སྦྱོར། 41

བཞི་བ། གནས་ངེས་པའི་སྦེལ་སྦྱོར། 53

ལྔ་བ། དབྱངས་ངེས་པའི་སྦེལ་སྦྱོར། 53

དྲུག་པ། ཀ་འཁྲེང་གི་སྦེལ་སྦྱོར། 54

བདུན་པ། བསྐོར་བའི་སྦེལ་སྦྱོར། 56

བརྒྱད་པ། རྗེས་ཁྲིད་ཀྱི་སྦེལ་སྦྱོར། 58

དགུ་བ། ཟུང་ལྡན་གྱི་སྦེལ་སྦྱོར། 59

བཅུ་བ། མཐའ་ཚོད་པའི་སྦེལ་སྦྱོར། 60

བཅུ་གཅིག་པ། དཔེ་འདྲེན་པའི་སྦེལ་སྦྱོར། 62

བཅུ་གཉིས་པ། རྒྱན་སྤྲས་པའི་སྦེལ་སྦྱོར། 64

བཅུ་གསུམ་པ། གྲངས་བགྲང་བའི་སྦེལ་སྦྱོར། 64

བཅུ་བཞི་བ། ཉམས་མཚོན་པའི་སྦེལ་སྦྱོར། 65

བཅོ་ལྔ་བ། བསྟུས་བརྗོད་ཀྱི་སྦེལ་སྦྱོར། 66

བཅུ་དྲུག་པ། ཁ་མཚར་གྱི་སྦེལ་སྦྱོར། 67

བཅུ་བདུན་པ། རྩོད་སྒྲུབ་ཀྱི་སྦེལ་སྦྱོར། 69

བཅོ་བརྒྱད་པ། བཟང་ངན་སྤུར་བའི་སྦེལ་སྦྱོར། 69

བཅུ་དགུ་བ། འགལ་བའི་སྦེལ་སྦྱོར། 70

ཉི་ཤུ་བ། གབ་ཚིག་གི་སྦེལ་སྦྱོར། 71

ཉེར་གཅིག་པ། ཚོས་གྲངས་ཀྱི་སྦེལ་སྦྱོར། 72

དོན་ཚན་དྲུག་པ། ཚིག་ལྷུག་གི་སྦེལ་སྦྱོར། 74

ས་བཅད་བཞི་བ། ལེགས་བཤད་སྣ་ཚོགས། 78

དང་པོ། བསླབ་བྱ། 78

གཉིས་པ། གྲིམ་ཀློད། 80

གསུམ་པ། མཁས་བླུན། 81

བཞི་བ། ཁེངས་སྐྱུང་། 84

ལྔ་བ། བཟང་ངན། 85

དྲུག་པ། སྐྱིད་སྡུག 87

བདུན་པ། དགེ་སྡིག 89

བརྒྱད་པ། སྐྱོན་ཡོན། 92

དགུ་བ། བདེན་རྫུན། 93

བཅུ་བ། རྒྱུ་འབྲས། 95

བཅུ་གཅིག་པ། འགལ་འདུམ། 96

བཅུ་གཉིས་པ། ཡིན་མིན། 99

བཅུ་གསུམ་པ། ཡོད་མེད། 101

བཅུ་བཞི་བ། རྒན་གཞོན། 103

བཅོ་ལྔ་བ། རྒོད་ཞན། 104

བཅུ་དྲུག་པ། བདག་གཞན། 106

བཅུ་བདུན་པ། མཆོག་དམན། 108

བཅོ་བརྒྱད་པ། རྒྱུ་འབྲས། 110

བཅུ་དགུ་བ། བཤད་སྒྲུབ། 111

ཉི་ཤུ་བ། མང་ཉུང་། 113

ཉེར་གཅིག་པ། ངོ་ལྐོག 115

ཉེར་གཉིས་པ། ཚིག 118

ཉེར་གསུམ་པ། རྩོམ། 121

ཉེར་བཞི་བ། ཆོས། 125

ཉེར་ལྔ་བ། གབ་ཚིག 127

མཇུག་གི་གཏམ། 136

གླེང་གཞི།

སྨན་ངག་སློབ་སྦྱོར་སྦྱོངས་གྲོགས་ཡིན། །
སྨན་ངག་སློབ་ལེགས་སྦྱོར་བ་ལས། །
གར་གྱི་ཉམས་བརྒྱད་ཐོན་པ་ཡིན། །
སློབ་སྦྱོར་སྨན་པའི་ངག་བཀུག་ནས། །
ངེས་པའི་དབྱངས་བདུན་གྲགས་པ་ཡིན། །
ཉི་མ་མེ་གྲོགས་བྱས་པ་དང་། །
ཆར་བ་ཆུ་གྲོགས་བྱས་པ་ལས། །
གདབ་པའི་ཞིང་དུ་དྲོད་གཤེར་འཛོམས། །
གཞུང་གི་ལོ་ཐོག་དགེ་མཚན་ཤར། །

བརྡ་སྤྲོད་སློབ་སྦྱོར་མིང་སྲིང་གཉིས། །
མིང་བོས་གོ་བརྡ་འཕྲོད་པར་བྱེད། །
སྲིང་མོས་སྐད་གདངས་ཡག་པར་གཏོད། །
བརྡ་གསལ་བ་དང་ངག་སྨན་པ། །
སྐད་རིགས་ཕུན་སུམ་ཚོགས་པའི་གཞི། །
སུམ་རྟགས་རྩ་བའི་ལུང་བསྟན་ནི། །

བོད་སྐད་རང་ལས་བྱུང་བ་ཡིན། །
ཡི་གེ་མི་ཤེས་ཅེ་རེ་ལོང་། །
བརྡ་སྤྲོད་ཇི་བཞིན་སླ་བ་ཤེས། །

སྙེབ་སྦྱོར་གཞུང་ལུགས་མ་བྱུང་ཡང་། །
བོད་སྐད་རང་ལ་མེད་པ་མིན། །
ཚིགས་གསུམ་གསལ་བའི་སྤྲིན་ཏུམ་ལས། །
སྙེབ་སྦྱོར་རིག་པའི་སྒྲོག་ཞགས་འཁྲུགས། །
སྙེབ་སྦྱོར་ངག་གི་རོལ་མོ་འདི། །
ཡི་གེ་མིང་ཚིག་བརྗོད་པ་ཡི། །
སྒྲིག་ཏུ་ཞུགས་པས་རིན་ཐང་ཆེ། །
མངོན་པར་སྟོན་པའི་གཞུང་ཞིག་དགོས། །

ལེགས་སྦྱར་སྙེབ་སྦྱོར་བོད་སྐད་ལ། །
གཡག་རྭ་རྟ་མགོར་འཛོད་ལེ་མིན། །
བོད་ཀྱི་སྙེབ་སྦྱོར་རིག་པ་ནི། །
སྲིད་དུ་ཆགས་ས་རྟགས་འཇུག་ཡིན། །
ཡུམ་ཆེན་རྟགས་འཇུག་དྲིན་མོ་ཆེར། །
བུ་རབ་སྙེབ་སྦྱོར་བསྐྱལ་དུ་གསོལ། །
བདག་གིས་མཐུན་རྐྱེན་སྦྱར་པ་ལས། །
སྙེབ་སྦྱོར་གཞུང་འདི་འབྲུངས་པ་དགེ། །

ས་བཅད་དང་པོ། སྡེབ་སྦྱོར་གྱི་ཕན་ཡོན།

སྒྲ་རིག་པའི་དཔག་བསམ་ལྗོན་པ་ཆེའི། །
བརྡ་སྤྲོད་པའི་རྩ་བ་བརྟན་པ་གཅིག །
མིང་མངོན་བརྗོད་ལོ་འདབ་ཕྱུག་པ་གཉིས། །
རྒྱན་སྣ་ཚོགས་མེ་ཏོག་མཛེས་པ་གསུམ། །
རྩོམ་འབྲས་བུ་བཅུད་ཀྱིས་གཏམས་པ་བཞི། །
སྡེབ་ལེགས་པར་སྦྱོར་བའི་རྒྱལ་དང་འབྲེལ། །

དོན་ཇི་ལྟ་ཇི་སྙེད་གོ་བར་བྱེད་པ་སྒྲ་རིག་པ་ཡིན་པས། སྒྲ་ཤེས་ན་དོན་ལ་མི་རྨོངས། ཞེས་གྲགས། སྒྲ་རིག་པའི་ཡན་ལག་ཚིག་རྒྱན་ཤེས་ན་སྙན་ངག་ལ་མི་རྨོངས། མངོན་བརྗོད་ཤེས་ན་མིང་ལ་མི་རྨོངས། སྡེབ་སྦྱོར་ཤེས་ན་ཚིགས་བཅད་ལ་མི་རྨོངས། ཟློས་གར་ཤེས་ན་སྐད་རིགས་ལ་མི་རྨོངས། ཞེས་བསྔགས་པ་ལས། ངག་གི་སྒྱུ་རྩལ་དུ་གཏོགས་པའི་རྩོམ་དང་། སློས་སུ་སྙན་ངག་ལ་ཉེ་བར་མཁོ་བའི་ཚིག་རྒྱན་དང་། མངོན་བརྗོད་དང་། སྡེབ་སྦྱོར་གསུམ་ནི། ཉི་མ་མེ་གྲོགས་དང་། ཆར་བ་ཆུ་གྲོགས་བཞིན་ཕན་ཚུན་རྟེན་ཅིང་འབྲེལ་བའི་སྒོ་ནས། བརྗོད་བྱའི་དོན་ཉམས་མེ་ལོང་ལ་པྲ་ཕབ་པ་བཞིན་མཐོང་སྣང་ཤར་བ་དང་། འཆད་བྱེད་ཀྱི་ཚིག་ཉམས་རྒྱུད་མངས་ལ་འཁྲུར་བག་བཀུག་པ་བཞིན་ཡིད་དབང་འཕྲོག་པའི་

ནུས་པ་སྤྲིར་རོ། །

སློབ་སྦྱོར་རིག་པ་ནི་ངག་གི་རོལ་མོ་ཡིན། འཇིག་རྟེན་ཁམས་ན་མཚན་སྙན་དབྱར་རྔ་ལྟར་བ། མཁས་དགུའི་རྒྱ་བར་གསལ་བའི་རྩོམ་མཁན་ཀླུབས་པོ་ཆེ་གོར་ཅི་མཚོག་གིས། གང་ཟག་གི་ཡིད་དབང་འཕྲོག་པར་བྱེད་པའི་སྟོབས་དེ། སྐད་ཆའི་མཛེས་སྙན་ཡང་དག་པ་ནི། མིང་དང་ཚིག་གི་སློབ་དག་པ་དང་། ཁ་གསལ་བ་དང་། སྐད་སྙན་པ་བཅས་ལས་བྱུང་བ་ཡིན། (སྤྱི་ཚོགས་རིང་ལུགས་དང་མངོན་སུམ་རིང་ལུགས་རྣམ་པར་བཤད་པ་ལས) ཞེས་གསུངས། བོད་སྐད་ཀྱི་བཟ་སྦྱོད་དང་སློབ་སྦྱོར་མིང་སྦྱིང་གཉིས་ཡིན་ཏེ། མིང་པོ་བཟ་སྦྱོད་པར་བྱེད་པ་དང་། སྦྱིང་མོ་ངག་སྙན་པར་བྱེད་པ་ཡིན། སུམ་རྟགས་ཀྱི་རྩ་བ་ལུང་བསྟན་པ་ལས། བཟ་སྦྱོད་ཀྱི་གཞུང་ལུགས་ཕུན་སུམ་ཚོགས་པར་གྲུར་མོད། སློབ་སྦྱོར་གྱི་རྩ་བ་ལུང་བསྟན་མ་བྱུང་ཡང་། བག་ལ་ཉལ་བའི་ཚོད་ཀྱིས་ཀྱང་། བོད་རང་སྐད་ཀྱི་མིང་དང་ཚིག་གི་སྦྱོར་བ་ལ། བརྗོད་བདེ་ཞིང་ངག་སྙན་པའི་ནུས་པ་བྱིན་ཡོད་དོ། །

ས་བཅད་གཉིས་པ། སံ་བོད་སྐད་གཉིས་ཀྱི་སྦྱོར་སྦྱོར་མི་འདྲ།

སྒྲ་དོན་གཉིས་འདུས་མིང་ཚིག་བརྗོད་པ་ཀུན། །
སྐད་རིགས་སོ་སོའི་སྦྱོར་ཚུལ་མི་གཅིག་པས། །
ཕན་ཚུན་མི་གོ་རྗོད་བྱེད་ཐུན་མོང་མིན། །
ལོ་ཙཱ་བཟང་འཕྲོད་བརྗོད་བྱ་ཐུན་མོང་ཡིན། །
དོན་གྱི་གནས་ལུགས་ཇི་བཞིན་རྟོགས་པ་རྨད། །
སྒྲ་ཡི་སྦྱོར་སྦྱོར་གཅིག་པར་སླེག་པ་འཁྲུལ། །

སྐད་ཆ་ནི་སྒྲ་དང་དོན་གྱི་འབྲེན་མ་ཡིན་པས། སྐད་ཀྱི་གདངས་སྙན་ན་ཐོས་འདོད་རྣ་བའི་དཔྱིད། ཚིག་གི་སྦྱེབ་དག་ན་མཚོན་བྱའི་ཞིབ་ཆ་གསལ། དེ་ཕྱིར་སྒྲ་དང་སྙན་ངག །སྒྲུང་དང་རྟོགས་བརྗོད་ལ་སོགས་པའི་བརྩམས་ཆོས་གང་ཉུང་ངག་གི་དཔལ་དང་ལྡན་ན། འཇིག་རྟེན་པའི་མིག་གི་བདུད་རྩི་དང་། རྣ་བའི་བཅུད་ལེན་དང་། ཡིད་ཀྱི་དགའ་སྟོན་དུ་འགྱུར་སྲིད། འདིར་རྣ་བའི་བཅུད་ལེན་ཞེས་པ། སྐད་ཀྱི་གདངས་སྙན་ཞིང་འཇེབས་པའི་ཞེན་སྟོབས་ལ་ཟེར་ཞིང་། རྣ་བའི་འདོད་ཡོན་སྒྲ་ཡིན་ཏེ། སྒྲ་དྲག་ཞན་བར་མ་དང་། ང་རོ་མཐོ་དམན་དྲང་འཁྱོག་སོགས་མིང་དང་ཚིག་ཏུ་གང་ལ་གང་འཚམ་དུ་སྦྱེབ་ཅིང་སྦྱོར་བ་ཡང་དག་པར་མཁས་

ན། མིང་ཚིག་བརྗོད་པ་གང་ཉུང་ངག་ནས་ཐོན་ཆེ། ལག་བདེས་རོལ་མོ་འཁྲོལ་བ་བཞིན། རྣ་བར་སིམ་པ་སྟེར་བའི་སྒོ་ནས། སྣང་བ་སྐྱིད་ལ་བསྐུལ་བ་དང་། གོ་བརྡ་ལེགས་པར་འཕྲོད་པ་དང་། ཡིད་ཀྱི་འགྱུར་བ་དང་ལུས་ངག་གི་ཉམས་སོགས་མངོན་པར་མཚོན་པ་སོགས་ལ་ནུས་པ་གང་ཆེ་ཐོན་སྲིད།

དེས་ན་དངོས་པོ་གསར་དུ་བྱུང་བ་ལ་མིང་གདགས་པ་དང་། ཚིག་ཀ་སྦྱུབ་པའི་ཐ་སྙད་གདམ་པ་དང་། བརྗོད་པ་སྤེལ་བའི་ཚིག་གི་བླ་བོའི་ལྷུ་བསྒྲིག་པ་སོགས་གང་ཅིའི་ཐད་དུ་སྐད་ཀྱི་གདངས་སྙན་མི་སྙན་ལ་མཉམ་པར་འཇོག་རྒྱུ་གལ་ཆེ། རྩོམ་གང་ཚིག་སྦྱོར་མི་བདེ་རྗོ་ཚག་བཙན་བསྒྲིགས་དང་། སྐད་གདངས་མི་སྙན་ཁྲི་གུ་ཟུག་ཟུག་ཞིག་གིས་བརྗོད་བྱའི་དོན་དང་འགྱུར་ཉམས་གང་ཡང་ལེགས་པར་མཚོན་དཀའོ། །

ངག་སྙན་པར་བྱེད་པ་སྡེབ་སྦྱོར་ཡིན་ཏེ། དེ་ལུགས་ལེགས་པར་རྟོགས་ན། ཡི་གེའི་དང་། མིང་གི་དང་། ཚིག་གི་སྡེབ་གང་ལེགས་སྦྱོར་བའི་རིག་པ་མངའ་བརྙེས་པར་འགྱུར་སྲིད། སྡེབ་སྦྱོར་ཞེས་བྱ་བ་འདི་རང་རེ་བོད་ལ་བཤད་ན། རིག་གནས་རྙིང་བ་ཞིག་ཡིན་ལ། རིག་གནས་གསར་བ་ཞིག་ཀྱང་ཡིན། རྙིང་བ་ཡིན་དོན་ནི། ལེགས་སྦྱར་གྱི་སྡེབ་སྦྱོར་གཞུང་ལུགས་འདི་བོད་ཡིག་ཏུ་བསྒྱུར་ནས་དར་མགོ་སྤྲ་བའི་ཕྱིར་དང་། གསར་བ་ཡིན་དོན་ནི། བོད་རང་གི་གཞུང་ལུགས་སུ་ད་དུང་གཞི་མ་གྲུབ་པའི་ཕྱིར་རོ། །

དེ་ཡང་སྡེབ་སྦྱོར་བྱ་བ་དྲང་སྲོང་གྲོག་མཁར་བས་ཐོག་མར་མཛད་པར་གྲགས། ཐུབ་པ་དམར་སེར་གྱིས་སྡེབ་སྦྱོར་གྱི་རྩ་བའི་མདོ་དང་། སློབ་དཔོན་རྒྱལ་བའི་ལྷས་དེའི་འགྲེལ་བ་མཛད་ཅིང་འཆད་ཉན་དར་ཡང་། ཞིབ་ཆ་མ་ཐོན། དེ་རྗེས་མཁས་དབང་རིན་ཆེན་འབྱུང་གནས་ཞི་བས་ཡོན་ཏན་བརྒྱད་ཀྱིས་ཁྱད་དུ་འཕགས་པའི་བསྟན་བཅོས་སྡེབ་སྦྱོར་རིན་ཆེན་འབྱུང་གནས་མཛད་པའི་

དྲིན་གྱིས། རྒྱ་གར་དུ་སྡེབ་སྦྱོར་རིག་པ་འདི་སྙན་ངག་གི་གྲོགས་སུ་རབ་ཏུ་དར་བར་གྱུར་ཏོ། །གཞུང་དེའི་མདོར་རྩ་ནི། ཚིགས་བཅད་དུ་ཡི་གེ་ལྕི་ཡང་ཇི་ལྟར་སྦྱར་ན་བརྗོད་བདེ་ཞིང་སྐད་སྙན་པ། བརྗོད་བྱ་ཇི་བཞིན་ཚིག་གི་ཉམས་ཐོན་ཅིང་། འགྱུར་ཁུགས་དང་ལྡན་པ། བརྡ་སྤྲོད་པའི་ནུས་པ་གོ་ལྷག་པར་ཆོད་པའི་ངག་གི་རྩལ་འདོན་པའི་རིག་པ་བསྟན་པ་ཡིན། དེ་ལ་དབྱངས་ཀྱི་ཡི་གེ་བསྒྲང་བའི་སྡེབ་སྦྱོར་ལ་བྲྀཏྟ་ཞེས་དང་། དབྱངས་ཀྱི་ཕྱི་མོ་བསྒྲང་བའི་སྡེར་སྦྱོར་ལ་ཛཱ་ཏི་ཞེས་གྲགས་པའི་རྣམ་བཞག་གཉིས་ལས། སྔ་མར་མཉམ་པ་དང་། ཕྱེད་མཉམ་པ་དང་། མི་མཉམ་པའི་དབྱེ་བ་གསུམ་ཡོད། ཕྱི་མར་ཡང་འཕགས་མ་དང་། རོ་ལངས་ཅན་དང་། ཕྱི་མོ་མཉམ་པའི་དབྱེ་བ་གསུམ་ཡོད་པ། དོན་དྲིལ་ན། རྗོད་བྱེད་ཚིག་གི་སྒྲ་གདངས་ལྕི་ཡང་དལ་མགྱོགས་སོགས་འགྱུར་བག་དང་ལྡན་པར་སྡེབ་ཅིང་སྦྱོར་བའི་སྒྲ་རིག་པའི་ཡན་ལག་ཏུ་གྲུབ་ཅིང་། ཚིག་སྦྱོར་ལ་མཁས་པའི་ངག་གི་དཔལ་འཛིན་པའི་བསྟན་བཅོས་མཆོག་ཏུ་གྱུར་བ་ཞིག་གོ། །

དེ་ཕྱིར་སྙན་ངག་མེ་ལོང་དུ། བྲྀཏྟ་ཛཱ་ཏི་ཞེས་རྣམ་གཉིས། །དེ་ཡི་སྤྲོས་པ་མཐའ་དག་ནི། །སྡེབ་སྦྱོར་གཞུང་དུ་ངེས་པར་བསྟན། །རིག་དེ་སྙན་ངག་རྒྱ་མཚོ་ནི། །ཟབ་མོ་བརྐྱལ་འདོད་རྣམས་ཀྱི་གྲུ། །ཞེས་གསུངས་སོ། །

ལེགས་སྦྱར་གྱི་ཚིག་རྒྱན་རིག་པ་དང་། མངོན་བརྗོད་རིག་པ་བོད་དུ་དྲངས་ནས། བོད་ཀྱི་སྒྲ་རིག་པ་ཆེས་ཆེར་དར་བའི་དྲིན་ལ་དམིགས་ནས། ལེགས་སྦྱར་རིག་པ་བོད་སྐད་ལ་དྲངས་ན། བོད་ཀྱི་སྒྲ་རིག་པ་ལྷག་པ་ཕུན་སུམ་ཚོགས་པར་འགྱུར་འགྲོ་བསམས་ནས། བོད་དུ་སྤྱི་ལོ་སྟོང་དང་ཆིག་བརྒྱ་གྱ་གཉིས་པར་སྐུ་བལྟམས་པའི་ས་སྐྱ་པཎྜི་ཏ་མཆོག་གིས་སྡེབ་སྦྱོར་རིག་པ་འདི་བོད་ལ་འདྲེན་པའི་ཀུན་སློང་གིས། སྡེབ་སྦྱོར་སྣ་ཚོགས་མེ་ཏོག་གི་ཆུན་པོ་ཞེས་བྱ་བ་ཕྱག་རྩོམ་གནང་། དེ་རྗེས་ཆོས་ལྡན་ར་ཟ་བ་དང་། ཡར་ཀླུང་གྲགས་པ་རྒྱལ་མཚན་དག་

གིས། སློབ་སྦྱོར་རིན་ཆེན་འབྱུང་གནས་བོད་ཡིག་ཏུ་བསྒྱུར་པ་ལ། ལོ་ཆེན་བྱང་ཆུབ་རྡོ་རྗེ་དང་། ནམ་མཁའ་བཟང་པོ་དང་། ཞ་ལུ་ཆོས་སྐྱོང་བཟང་པོ་རྣམས་ཀྱིས་འགྱུར་བཅོས་མཛད་དེ་དར་རྒྱས་སུ་སོང་བས། རྒྱ་གཞུང་དཔག་བསམ་འཁྲི་ཤིང་དང་། བཤེས་པའི་སྤྲིངས་ཡིག་དང་། མེ་ཏོག་ཕྲེང་འཛིན་དང་། མཚན་ཡང་དག་པར་བརྗོད་པ་སོགས་བོད་ཡིག་ཏུ་བསྒྱུར་པ་རབ་ཏུ་མང་ངོ་། །

སློབ་སྦྱོར་རིག་པ་འདི་བོད་དུ་དར་ཡང་། བོད་རང་སྐད་ཀྱི་ཁྱད་ཆོས་ཀུན་ནས་མཚོན་པའི་སློབ་སྦྱོར་གྱི་གཞུང་ལུགས་ཤིག་ཏུ་མ་གྲུབ་པའི་རྐྱེན་གྱིས། དེང་གི་ཆར། སྐད་གཉིས་སྨྲ་བ་རྣམ་པས་ལེགས་སྦྱར་སྐད་ཀྱི་སྙན་ངག་ལྟར། ལཱ་ཕཱ་ཧྲེ་བོད་ཡིག་གསུམ་ཤན་སྦྱར་ནས་མཚན་བྱང་དང་མཆོད་བརྗོད་སོགས་སུ་སྦྱར་བ་མ་གཏོགས། བོད་ཡིག་ཁོ་ནའི་བཅད་ལྷུག་སྤེལ་མར་རང་སྐད་ཀྱི་ཁྱད་ཆོས་ལྟར་སྦྱར་བ་ནི་མེད། དེ་ལྟར་ཡིན་དོན་ནི། བོད་དང་ལེགས་སྦྱར་གྱི་སྐད་རིགས་སོ་སོར་རང་རང་གི་ཁྱད་ཆོས་ཐུན་མོང་མ་ཡིན་པ་ཞིག་ཡོད་པའི་ཕྱིར་ཏེ། མི་རིགས་སོ་སོ་གནས་སའི་ཁོར་ཡུག་གི་ཆགས་ཚུལ་མི་གཅིག་པ་དང་། སྤྱི་ཚོགས་ཀྱི་གྲུབ་ལུགས་མི་གཅིག་པ་དང་། སྲིད་འཁོར་རིག་གསུམ་གྱི་འཚོ་བའི་གོམས་སྲོལ་མི་གཅིག་པ་དང་། ཤེས་བྱ་རྟོག་ཐབས་མི་གཅིག་པ་སོགས་ཀྱི་དབང་གིས། དངོས་པོ་བརྟན་གཡོའི་རིགས་སོ་ཅོག་གི་ངོ་བོ་དང་། ཁྱད་ཆོས་དང་བྱེད་ལས་སོགས་དང་། ཆོས་གང་དང་གང་ཕན་ཚུན་རྟེན་ཅིང་འབྲེལ་བའི་གནས་ཚུལ་སོགས་ལ་གོ་བ་ལེན་ཐབས་ཀྱི་ཁྱད་པར་བྱུང་ཐོག །བརྗོད་བྱའི་དོན་སྟོན་པའི་སྐད་ཆ་སྒྲུབ་བྱེད་ཀྱི་ཐ་སྙད་ཀྱི་སྒྲ་གདངས་དང་། ཚིག་གི་སློབ་སྦྱོར་སོགས་ཀྱི་ཁྱད་ཆོས་སོ་སོར་གྱུར་པ་རེད།

སཾ་བོད་སྐད་རིགས་གཉིས་ཀྱི་མིང་དང་ཚིག་གི་སྦྱོར་བ་ཕར་ཞོག །དབྱངས་གསལ་ཙམ་ལ་བལྟོས་ནའང་ཁྱད་པར་ཤིན་ཏུ་ཆེ། སློབ་སྦྱོར་དུ། སཾ་སྐད་ལ་

དབྱངས་ཉེར་གཉིས་ཡོད་པ་ལས། དབྱངས་ཐུང་ངུ་དང་། རིང་པོ་དང་། ཤིན་ཏུ་རིང་པོའི་ཁྱད་པར་ཡོད་པ་དང་། མཐོ་དམན་དྲང་འཁྱོག་གི་ཁྱད་པར་མེད། བོད་སྐད་ལ་དབྱངས་ལྔ་ལས། མཐོ་དམན་དྲང་འཁྱོག་གི་ཁྱད་པར་ལས། དབྱངས་རིང་ཐུང་གི་ཁྱད་པར་མེད། སཾ་སྐད་ལ་གསལ་བྱེད་སོ་བདུན་ཡོད་པ་དང་། བོད་སྐད་ལ་སུམ་ཅུ་ལས་མེད། སཾ་བོད་གསལ་བྱེད་གཅིག་པ་ལས། སཾ་སྐད་དུ། ཀ་ག་ང་། ཏ་ད་ན། པ་བ་མ། ཙ་ཛ་ཞ། འ་ཡ་ར་ལ་ཨ་རྣམས་སྲོག་ཆུང་སྟེ་སྒྲ་ཡང་བར་བསྒྲིས། ཁ་ཐ་ཕ་ཚ། ཞ་ཟ་ཤ་ས་ཧ་རྣམས་སྲོག་ཆེན་ཏེ་སྒྲ་ལྕི་བར་བསྒྲིས། བོད་སྐད་དུ། ཀ་ཙ་ཏ་པ་ཙ་ལྔ་པོ། ཁ་ཆ་ཐ་ཕ་ཚ་མ་ཉིང་། ཕོ་དང་མ་ཉིང་འདི་རྣམས་སྒྲ་ལྕི་བ་དང་རན་བར་བསྒྲིས། གཞན་ཉི་ཤུ་མོ་སྟེ་སྒྲ་ཡང་བར་བསྒྲིས་པས་ཁྱད་པར་ཆེ། དེ་ཕྱིར་ལེགས་སྦྱར་གྱི་སློབ་སྦྱོར་བོད་སྐད་ལ་འཕྲོད་ཚུལ་མེད་དོ། །

ས་བཅད་གསུམ་པ། བོད་སྐད་ཀྱི་སྦྱོར་རིག་པའི་སྲོལ་འབྱེད།

ཡི་གེའི་སྦྱོར་སྦྱོར་ཟླུམ་ཟླུམ་རིལ་བུ་འཁྱིལ་བའི་ཚུལ། །
མིང་གི་སྦྱོར་སྦྱོར་རྒྱུད་བཞི་ཕི་ཕྲང་བདུང་བར་འགྲན། །
ཚིད་ཀྱི་སྦྱོར་སྦྱོར་མུ་ཏིག་སྟར་ལ་བརྒྱུས་པ་འདྲ། །
ཚིག་གི་སྦྱོར་སྦྱོར་རྒྱ་མཚོའི་ཐ་རླབས་གཡོ་བ་བཞིན། །

ད་ནི་བོད་སྐད་ཀྱི་ཁྱད་ཆོས་ཉིད་ལས་གྲུབ་ཀྱང་བག་ལ་ཉལ་བའི་སྦྱོར་སྦྱོར་རིག་པ་རང་གློས་དཔོག་ཚོད་ཀྱིས་ཅུང་ཟད་བཤད་ན། སྦྱོར་སྦྱོར་བྱ་བ་སྐད་ཆའི་ནང་དུ་འདུས་ཡོད། སྐད་ཆ་མེད་ན་སྦྱོར་སྦྱོར་ཡང་མེད། དེས་ན་སྦྱོར་སྦྱོར་དང་བརྡ་སྤྲོད་འབྲེལ་དམ་པོར་ཆགས་ཡོད་མོད། སོ་སོའི་མཚན་ཉིད་མི་གཅིག་སྟེ། བརྡ་སྤྲོད་ནི་དོན་གྱི་ངོ་བོ་དང་ཁྱད་པར་སྟོན་བྱེད་ཡིན་ལ། སྦྱོར་སྦྱོར་ནི་མིང་དང་ཚིག་གི་སྐད་ཀྱི་གདངས་དང་སྒྲའི་ང་རོ་སྙན་པར་སྒྱུར་བྱེད་ཡིན་པས། བརྡ་སྤྲོད་ལ་བརྟེན་ནས་སྦྱོར་སྦྱོར་བཤད་དགོས།

དེ་ཡང་། ཡི་གེའི་ཁོངས་ནས་མིང་དབྱུང་སྟེ། །མིང་གི་ཁོངས་ནས་ཚིག་ཕྱུང་ནས། །ཚིག་གིས་དོན་རྣམས་སྟོན་པར་བྱེད། །ཅེས་པ་ལྟར། ཡི་གེའི་དང་། མིང་གི་དང་། ཚིག་གི་སྦྱོར་སྦྱོར་རིམ་པ་བཞིན་དུ་བཤད་པར་བྱའོ། །

དོན་ཚན་དང་པོ། ཡི་གེའི་སྦེབ་སྦྱོར།

ཡི་གེའི་སྦེབ་སྦྱོར་རྟགས་འཇུག་ལས་གསལ་ཡང་། འདིར་ས་སྟོང་དུ་བསྐྱུར་ན་དོན་དུ་མི་འགྱོར་པས། རགས་རིམ་ཙམ་ཞིག་བཤད་ན། ཡི་གེའི་སྦེབ་སྦྱོར་ནི། སྒྲ་དྲག་ཞན་བར་མ་གང་ལ་གང་འཚམ་སྦེབ་ལེགས་པར་སྦྱར་ནས། དོན་གྱི་ངོ་བོ་ཙམ་བརྗོད་པའི་མིང་དུ་གྲུབ་པའི་ཡི་གེའི་ཚོགས་པ་ལ་ཟེར་བ་ཡིན། དེ་ལ་ཕོ་ཡིག་ནི་གནས་དང་བྱེད་པའི་སྦྱོར་བ་དམ་པས། སྒྲ་དྲག་ཅིང་རླུང་ཤུགས་ཆེ་བ། དཔེར་ན། སྲུ་གུས་ཚུ་གཙུབ་པར་ཁ་དམ་པོར་བཙིར་ན། གནོན་ཤུགས་ཆེ་བས། ཚུ་རྒྱང་ལ་ཡར་བ་ལྟ་བུ་དང་། དེ་བཞིན་མོ་ཡིག་ནི་གནས་དང་བྱེད་པའི་སྦྱོར་བ་ལྷོད་པས། སྒྲ་ཞན་ཞིང་རླུང་ཤུགས་ཆུང་བ་དང་། མ་ནིང་གི་ཡི་གེ་ནི། གནས་དང་བྱེད་པའི་སྦྱོར་བ་དམ་ལྷོད་རན་པས། སྒྲ་དང་རླུང་ཤུགས་བར་མའི་ཚུལ་དུ་གནས་པའོ། །

སྤྱིར་དབྱངས་དང་གསལ་བྱེད་རིགས་གཉིས་ལས། དབྱངས་མོ་ཡིག་ཡིན་དོན་ནི། སྒྲ་ཙམ་ཤས་ཆེ་བ་ལས། གནས་དང་བྱེད་པའི་རྣམ་འགྱུར་མི་གསལ་ཞིང་། བྱེད་རྩོལ་ལྷོད་པའི་ཕྱིར་རོ། །གསལ་བྱེད་ཕོ་ཡིག་ཡིན་དོན་ནི། གནས་དང་བྱེད་པའི་རྣམ་འགྱུར་གསལ་ཞིང་། བྱེད་རྩོལ་དམ་པའམ་ཙུང་ཟད་དམ་པའི་ཕྱིར་རོ། །ས་པཎ་གྱི་དབྱངས་གསལ་བདེ་བླག་ཏུ་འཇུག་པའི་རྣམ་བཤད་ལས། དབྱངས་ཀྱི་ཡི་གེ་ནི། བརྗོད་པ་མི་གསལ་ཞིང་གསལ་བྱེད་ཀྱི་སྲོག་ཏུ་འགྱུར་བའོ། །

གསལ་བྱེད་ནི། བརྗོད་པ་གསལ་ཞིང་དྲག་པའི་ངོ་བོར་འགྱུར་བའོ། །ཞེས་གསུངས་པས། མོ་ཡི་ཡི་གེ་མེད་པ་ན། །ཕོ་ཡིག་བརྗོད་པ་མེད་པར་འགྱུར། །ཕོ་ཡིག་དེ་དག་རྣམས་ལ་ཡང་། །འཇུག་པར་བཅས་པ་མེད་ན་ནི། །དོན་རྣམས་བརྗོད་པ་མེད་པར་འགྱུར། །ཞེས་པའི་དོན་བསྟན་ཏོ། །དེས་ན་གསལ་བྱེད་རྐྱང་

བ་ཕོ་ཡིག་ཡིན་པས། ག །ཇ། ད། བ་རྣམས་ལེགས་སྦྱར་གྱི་སྐད་ལྟར་སྣ་སྒྲ་དང་ལྡན་པར། འགའ། འཇའ། འདའ། འབའ་ཞེས་མི་འདོན། གསལ་བྱེད་རྣམས་མིང་གཞིར་སོང་ཚེ། ཕ་ལ་དབྱངས་བཞི་གང་ཡང་མི་འཐོབ་པ། སྒྲ་ཕལ་ལམ་མཚུངས་ཤིང་བརྗོད་པ་མི་གསལ་བས། གཅན་གཟན་ཕ་ཞེས་པའི་མིང་ཙམ་ལས། དོན་གྱི་ངོ་བོ་སྟོན་པའི་མིང་དུ་མི་འགྲུབ་པས། མེད་ཀྱང་ཉུང་བའི་ཡི་གེ་གཅིག་ཅེས་གྲགས། ཁ། ང་དག་ལ་གུག་གུ་མི་འཐོབ་པ། ད། པ། ཕ་རྣམས་ལ་འཕུལ་རྟེན་མེད་ན་གུག་གུ་མི་འཐོབ་པ་ལྟ་བུ་སོགས་བརྗོད་མི་བདེ་བའི་ཕྱིར། དེ་བཞིན་མིང་གཞི་རྐྱང་རྩེགས་ཅི་རིགས་དང་། འཕུལ་རྟེན་ཡོད་མེད་ཅི་རིགས་ལས། གང་ཞིག་ལ་དབྱངས་བཞི་གང་ཉུང་ཞིག་སྦྱར་ན་ཀློག་མི་བདེ་བ་རྣམས་ནི། སྦྱོར་ཉམས་པ་ཡིན་པས། དོན་གྱི་ངོ་བོ་སྟོན་པའི་མིང་དུ་མི་འགྲུབ་པ་རིགས་བསྒྲེས་ནས་ཤེས་པར་བྱའོ། །

གསལ་བྱེད་རྣམས་མིང་གཞིར་གྱུར་ཚེ། ཕ་འ་ར་ལ་ཏ་ཨ་དྲུག་ལ་སྟོན་འཇུག་མི་འཐོབ་པ། འདོགས་ཅན་ག་ཡིས་མི་འཕུལ་བ། ལ་མགོ་ཅན་ལ་འདོགས་བཞི་བྲལ་བ། འཕུལ་ཡིག་རང་གི་སྡེ་བར་འཇུག་མི་དཔེ་བ། ཕོ་ནི་མ་ནིང་ལ་མི་འཇུག་པ། མོ་ཡང་ཕོ་ལ་འཇུག་མི་འགྱུར་བ། མ་ནིང་རང་ལ་རང་མི་འཇུག་པ། མགོ་ཅན་རྣམས་ལ་སྟོན་འཇུག་བ་མ་གཏོགས་མི་འཐོབ་པ་སོགས་སྦྱོར་དུ་མི་འཕྲོད་པའི་ཕྱིར་རོ། །དེ་མིན་ཡི་གེ་དུ་མ་བསྡུས་ནས་མིང་དང་ཚིག་ཏུ་སྦྱར་ཉུང་བ་ཇི་སྙེད་པ། དཔེར་ན། ཕོ་ནི་ཕོ་དང་མོ་ལ་འཇུག །མོ་ནི་མོ་དང་མ་ནིང་ལ། །མ་ནིང་ཡང་ནི་ཕོ་མོ་ལའོ། །ཤིན་ཏུ་མོ་ནི་མ་ནིང་དང་། །མོ་དང་ཤིན་ཏུ་མོ་ཉིད་ལའོ། །ཞེས་སྒྲ་དྲག་ཞན་བར་མ་གང་ལ་གང་འཚམ་གྱི་སྒོ་ནས། སྟོན་འཇུག་གང་མིང་གཞི་གང་གང་ལ་འཇུག་པའི་སྦྱོར་འདི། བཏོན་ན་བརྗོད་བདེ་བ། ཉན་ན་གདངས་སྙན་པ། དྲི་ཟའི་པི་ཝང་གི་རྗེས་སུ་འགྲོ་བ། སྦྱོར་ལེགས་པར་གྲུབ་པའི་ཕྱིར་རོ། །

དོན་ཚན་གཉིས་པ། མིང་གི་སྡེབ་སྦྱོར།

མིང་གི་སྡེབ་སྦྱོར་ནི། བརྗོད་བྱའི་ཆོས་ཀྱི་ངོ་བོ་ཙམ་བརྗོད་པའི་མིང་གང་དང་གང་ཡིན་པ། སྒྲའི་བྱེད་རྩོལ་དང་དབྱངས་ཀྱི་ང་རོ་རྣམས་ཕན་ཚུན་རྟེན་ཅིང་འབྲེལ་བར་བྱུང་བ་ཇི་བཞིན། བརྗོད་བདེ་ཞིང་ངག་སྙན་པར་བྱེད་པའི་སྡེབ་སྦྱོར་ལ་ཟེར་བ་ཡིན། མིང་ལ་འདོད་རྒྱལ་དང་རྗེས་གྲུབ་རིགས་གཉིས་ཡོད་པའོ། །

དང་པོ། འདོད་རྒྱལ་གྱི་མིང་གི་སྡེབ་སྦྱོར།

འདོད་རྒྱལ་གྱི་མིང་ནི། དངོས་པོ་གང་ཞིག་གང་ཟག་གིས་ཐོག་མར་ངོས་འཛིན་ཚེ། རྒྱུ་མཚན་མེད་པར་བརྡ་ཞིག་སྦྱར་བ། དེའི་མིང་དུ་ཆགས་པ་འདོད་པ་ལྟར་རྒྱལ་བར་གྱུར་པས་དེ་སྐད་གྲགས་སོ། །དེའི་མཚན་གཞི་དཔེར་ན། གནམ། མཚོ། རྟ། ཉི་མ། སྡོང་པོ། བྱུ་རུ་ལྟ་བུ་སྒྲ་བཤད་མེད་པའི་རིགས་སོ་ཚོག་གོ། །འདི་རིགས་ལས་སྒྲ་རྐྱང་བ་རེས་མིང་རེ་གྲུབ་པ། ཤིང་། གསེར་ལྟ་བུ་རྣམས་ཡི་གེའི་སྦྱོར་བ་སྟེ། གོང་དུ་བཤད་ཟིན། སྒྲ་གཉིས་རེས་མིང་རེ་གྲུབ་པའི་རིགས་ཀྱི་སྡེབ་སྦྱོར་ནི། རྗེས་འཇུག་གི་མིང་མཐའ་འདྲེན་ཚུལ་ལ་ཐུག་ཡོད་དེ། མང་ཤས་རྟགས་མཚུངས་འདྲེན་པ་དང་། ཉུང་ཤས་གནས་མཚུངས་འདྲེན་པ་དང་། སྒྲ་མཚུངས་འདྲེན་པ་སྟེ། གསུམ་གའང་བརྗོད་བདེ་ཞིང་སྒྲ་སྙན་པར་བྱེད་པ་ཡིན། རྟགས་མཚུངས་འདྲེན་པ་ནི། མིང་གི་ཆ་ཤས་སྔ་མའི་རྗེས་འཇུག་གམ་ཡང་འཇུག་གིས་ཆ་ཤས་ཕྱི་མ་རང་རྟགས་དང་མཚུངས་པའི་པ་བ་སོགས་ཀྱི་ཡི་གེ་ཞིག་དྲངས་ནས་དོན་གྱི་ངོ་བོ་ཙམ་སྟོན་པའི་མིང་ཞིག་གྲུབ་པ་ཡིན། དེ་ལ་ཕོ་ཡིས་ཕོ་ཡི་མིང་

མཐའ་དྲངས་པ། དཔེར་ན། ལྷག་ག །ལྷག་ཅེར། ཅིག་ཤུ། གྲོགས་པོ། འདོད་པ། ཐེད་པོ། ཞལད་ཏ། གབ་ཅེ། ཞབས་ཏོག །ཏུས་ཀྲང་། གསུས་པ་ལྷ་བུ་སོགས་དང་། མོ་ཡིས་མོ་ཡི་མིང་མཐའ་དྲངས་པ། གང་བུ། སྣང་ཅུ། ལྡང་གུ། གཞོང་བ། ཚེམ་ཞུ། འདམ་བག །རམ་ཤག །ཞ་ཉེ། བཟེ་རེ། ཕྱིའུ་སུས། ལྷ་བུ་སོགས་དང་། མ་ནིང་གིས་མ་ནིང་དྲངས་པ། དགུན་ཁ། མན་ཆད། མཚོན་ཆ། སྐྱིན་ཐང་། མཁུར་ཚོས། ཟུར་ཤུད། མེལ་ཚེ། གཡུལ་ཁ་ལྷ་བུ་སོགས་ཏེ། མཐའ་རྟེན་དྲག་པར་མིང་མཐའ་དྲག་པ་སྦྱར་ན། བྱེད་རྩོལ་དམ་ལ་ཕྱུང་ཤུགས་ཆེ་མཉམ་དང་། ཞན་པ་དང་ཞན་པ་སྦྱར་ན། བྱེད་རྩོལ་ལྷོད་ལ་ཕྱུང་ཤུགས་ཆུང་མཉམ་དང་། བར་མ་དང་བར་མ་སྦྱར་ན། བྱེད་རྩོལ་རན་ལ་ཕྱུང་ཤུགས་འབྲིང་མཉམ་སྟེ། སོ་སོའི་ཤེད་མཚུངས་པས་བརྗོད་བདེ་ཞིང་ངག་སྙན་པར་གྲུབ་པོ། །གཞན་ཡང་། གསེར་ཏོག་སུམ་རྟགས་སུ། མཁས་ཆེན་རྣམ་པའི་ཕྱག་རྩོམ་ལས། སྐྱུང་ག །སྐྱེ་ག །སྤྱུང་གི་ལྟེང་ག །སྟོན་ག་སོགས་རྟགས་མཚུངས་དྲངས་པ་མིན་དོན་ཅེ། ཆ་མ་འཚལ་ཞེས་དོགས་པ་བསླངས་སྣང་། དེ་ནི་སྐྱུང་དང་ལྟེང་སོགས་སྒྲ་སྐྱི་རྩུབ་ཅིང་དྲག་པའི་རྐྱེན་གྱིས། མིང་མཐའ་རང་ཤུགས་སུ་དྲག་པར་གྱུར་པས། དྲག་པས་དྲག་པ་དྲངས་པ་བཞིན། སྤེལ་སྦྱོར་གྱི་མཆོག་བྱིན་པ་ཡིན་གྱི། བྲིས་ནོར་མ་ཡིན་ནོ། །

མི་རིགས་གཞན་པའི་ཐ་སྙད་བོད་རང་སྐད་དུ་དྲངས་ན་ཡང་། དེའི་སྒྲ་གདངས་བསྒྱུར་ནས་བོད་སྐད་ཀྱི་ཁྱད་ཆོས་དང་མཐུན་པར་བྱས་ན། གཟོད་རང་སྐད་དུ་ཆགས་འགྲོ། དེ་རིགས་བོད་ལ་བཤད་ན་འདོད་རྒྱལ་གྱི་མིང་གི་རྗེས་འབྲང་ཡིན་པས། ཏ་ལམ་མིང་མཐའ་འདྲེན་པ་ལྟར་སྦྱར་བ་ཡིན་ཏེ། དཔེར་ན། ལེགས་སྦྱར་སྐད་ཀྱི་སེཧྒ་ལ་བོད་སྐད་དུ་སེང་གེ་དང་། ཊིཀྐཿལ་ཊིག་ཏ་དང་། བྲཧྨ་ཎ་ལ་བྲམ་ཟེ་དང་། གརྦ་རཾ་ལ་ག་བུར་ལྟ་བུ་སོགས་དང་། རྒྱ་སྐད་ཀྱི་桌子ལ་བོད་

སྐད་ཏུ་ཙོག་ཙེ་དང་། 灯笼 ལ་ཏེང་ལོ་དང་། 臣相 ལ་ཁྲིན་སང་ལྟ་བུ་སོགས་སོ། །དེས་ན་མིང་མཐའ་རྟགས་མཚུངས་འདྲེན་ཏུང་བ་རྣམས་ཇི་བཞིན་མ་སྦྱར་ན། སྦེལ་སྦྱོར་ཞིག་ནས་བརྗོད་མི་བདེ་ཞིང་སྒྲའི་སྙན་ཆ་མེད་འགྲོའོ། །

རྟགས་མཚུངས་འདྲེན་པ་ཁྱབ་ཆེ་ཡང་། སྐོར་ཞིག་དེ་ལྟར་སྦྱར་ན་བརྗོད་མི་བདེ་བས། གནས་མཚུངས་འདྲེན་པའམ། སྒྲ་མཚུངས་འདྲེན་པར་གྱུར་སོང་། གནས་མཚུངས་འདྲེན་པ་ནི། རྗེས་འཇུག་གི་སྐྱེ་གནས་དང་། མིང་མཐའི་སྐྱེ་གནས་གཅིག་པའམ་ཏ་ལམ་འདྲ་བ་སྟེ། དཔེར་ན། རིམ་པ། སྔོམ་པ། ཞིམ་པོ། ཀླུམ་པོ། རིབ་མ། མཛུབ་མོ། འཐབ་མོ། སིབ་བུ། ཞིབ་བུ་ལྟ་བུ་སོགས་རྗེས་འཇུག་སྐྱེ་གནས་མཆུ་ཅན་གྱིས་མིང་མཐའ་སྐྱེ་གནས་མཆུ་ཅན་དྲངས་པ་དང་། བུན་ལོང་། ཡན་ལག །ནན་ཏན། ཀུན་དོང་། བསྟོད་ར། སྨད་ར། མཚལ་ལུ། ཕལ་ལེ། རྩ་ལག །ཐ་སྙད་ལྟ་བུ་སོགས་སྐྱེ་གནས་སོ་ཅན་གྱིས་སོ་ཅན་དྲངས་པ་སོགས། མིང་སོ་སོའི་ཆ་ཤས་གཉིས་བར་བྱེད་པ་གནས་ལ་སྦྱར་ཅིང་ཕྲད་པ་ཙམ་གྱིས་སྒྲ་རང་ཤུགས་སུ་བྱུང་ཞིང་བཞུན་ཆ་འཛོམས་སྣང་། འདིའི་རྗེས་མཐུན་གནས་བསྙེན་འདྲེན་པ་ཡང་ཡོད། དཔེར་ན། མཐུན་པ། ཚོན་པོ། སྦྲིན་པ། དབེན་པ། ཐུན་མོང་། སྔོན་མོ། ཁྲོལ་མ། མཆིལ་མ། རོལ་མོ། ལྟད་མོ། དྲེད་མོང་། ལྟ་བུ་སོགས་རྗེས་འཇུག་སོ་གནས་ཅན་གྱིས་མིང་མཐའ་མཆུ་གནས་ཅན་ཉེ་བར་དྲངས་པ་བརྗོད་བདེ་བའི་ཕྱིར།

སྒྲ་མཚུངས་འདྲེན་པ་ནི། མིང་གི་ཆ་ཤས་སྔ་མས་ཆ་ཤས་ཕྱི་མ་རང་སྒྲ་མཚུངས་པའམ། དབྱངས་ཀྱི་ང་རོ་ཙམ་མིན་པ་གཅིག་པ་དྲངས་པ་སྟེ། འདི་རིགས་དངོས་པོའི་མིང་སྐོར་ཞིག་མ་གཏོགས། ཕལ་ཆེར་ཁྱད་ཆོས་ཀྱི་མིང་ཡིན། དངོས་པོའི་མིང་དཔེར་ན། ཀ་ཀ །ཆག་ཆག །ཚ་ཚ། ཁྲུང་ཁྲུང་། ཏུ་ཏུ་ལྟ་བུ་རྣམས་ནི། ཆ་ཤས་སྔ་མས་ཆ་ཤས་ཕྱི་མ་རང་དྲངས་པ་དང་། ཀླ་ཀློ། ཞང་ཞུང་། མ་མོ།

ལྷ་བུ་རྣམས་ནི། ཆ་ཤས་སྔ་མས་ཆ་ཤས་ཕྱི་མ་དབྱངས་ཅན་མ་གཏོགས་གཅིག་པ་དྲངས་པའོ། །ཁྱད་ཆོས་ཀྱི་མིང་དཔེར་ན། དཀར་དཀར། སྔོ་སྔོ། རིལ་རིལ། ཐུང་ཐུང་། ཞིག་ཞིག །ཕྲུལ་ཕྲུལ། འཇོང་འཇོང་། ཀྱུར་ཀྱུར། ལྷུང་ལྷུང་། ལྷ་བུ་སོགས་མིང་གི་ཆ་ཤས་སྔ་ཕྱི་གཅིག་པ་དང་། རབ་རིབ། ལྷན་ལྷིན། ཐན་ཐུན། འཚབ་འཚུབ། ཧྲལ་ཧྲུལ། ཡར་ཡེར། ཁར་ཁེར། ངན་ངོན། རང་རོང་ལྷ་བུ་སོགས་མིང་གི་ཆ་ཤས་སྔ་མ་ང་རོ་དྲང་བ་ཁོ་ན་དང་། ཕྱི་མ་ང་རོ་བཀུག་པའམ། སྒྲེང་བའམ། བསྒྱོད་པའམ། སྨད་པ་གང་རུང་ལྡན་པ་ཞིག་མ་གཏོགས་གཅིག་པ་དྲངས་པའོ། །མིང་གི་ཆ་ཤས་སྔ་ཕྱི་སྒྲ་མཚུངས་པ་ཅན་འདི་རིགས་ངག་ནས་བརྗོད་པའི་ཚེ། པི་ཝང་བརྡུངས་པ་བཞིན་རྣེབ་མཚམས་གསལ་ཞིང་ཚིག་དོན་གཉིས་ཀའི་ཉམས་ཐོན་པའོ། །

འདོད་རྒྱལ་གྱི་མིང་ལས། ཆ་ཤས་སྔ་ཕྱིའི་སྒྲའི་ང་རོ་མི་འཕྲོད་ན་འཕྲོད་པར་བཅའ་དགོས། དཔེར་ན། མིང་ཅན་གང་གི་ཆུང་ངུའི་རིགས་སྟོན་པར། མིང་དེའི་རྗེས་འཇུག་གི་ཚུལ་དུ་ཨུ་སྦྱར་བ། སྤྲེལ་གྱི་ཕྲུ་གུ་ལ་སྤྲེའུ་ཞེས་དང་། སླེ་བོ་ཆུང་ཆུང་ལ་སླེའུ་ཞེས་པའི་ཆ་ཤས་སྔ་ཕྱིའི་ང་རོ་སྒྲེང་བ་ནས་སྨད་པར་འགྱུར་བས་བརྗོད་བདེ་སོད། རྟ། ཤ་བ། ཛ་སོང་། མདའ་ལྷ་བུ་རྣམས་ཀྱི་ཆུང་ངུའི་རིགས་སྟོན་པར་རྟའུ། ཤའུ། ཛའུ། མདའུ་ཞེས་སྦྱར་ན། དབྱངས་ཀྱི་ང་རོ་དྲང་བ་ནས་སྨད་པར་བསྒྱུར་ན་བརྗོད་མི་བདེ་བས། རྟེའུ། ཤེའུ། ཛེའུ། མདེའུ་ཞེས་མིང་གཞི་ལ་འགྲེང་བུ་སྦྱར་ནས། ང་རོ་སྒྲེང་བ་ནས་སྨད་པར་བྱས་པས་བརྗོད་བདེ་བར་གྱུར་སོང་། སོ། ཐོ་བ། སྒྲོ་བ། མཚོ་རྣམས་ཀྱི་ཆུང་ངུའི་རིགས་ལ། སེའུ། ཐེའུ། སྒྲེའུ། མཚེའུ། ཞེས་ན་རོའི་དོད་དུ་འགྲེང་བུ་སྦྱར་བ་ཡང་། སྒྲའི་ང་རོ་བསྒྱོད་པ་ནས་སྨད་པར་བསྒྱུར་ན་བརྗོད་མི་བདེ་བའི་ཕྱིར་རོ། །པོ་ཏི་ནི་ལེགས་སྦྱར་སྐད་ཀྱི་པུསྟ་ཀ་ཞེས་པ་བོད་སྐད་དུ་དྲངས་ནས་པུ་ཏི་ཞེས་འགྱུར། དེ་ཡང་ང་རོ་སྨད་པ་ནས་

བཀག་པར་བསྒྱུར་ན་བརྗོད་མི་བདེ་བས། པོ་ཏི་ཞེས་བསྟོད་པ་ནས་བཀག་པར་སྦྱིབ་ལེགས་པར་བྱས་པ་དང་། ཚིག་བར་བསྡུས་ནས་པོད་ཅེས་བྲིའོ། །དབྱངས་ཀྱི་ང་རོའི་སྦྱིབ་སྦྱོར་རྗེས་གྲུབ་ཀྱི་མིང་གི་སྐབས་སུ་གསལ་བས། འདིར་དཔེ་ཙམ་བསྟན་པ་ཡིན་ནོ། །

འདིར་ནན་ཏན་ཅུང་ཟད་བྱ་དགོས་པ་ནི། མིང་གི་སྦྱོར་བ་ཏ་ཙང་གལ་ཆེན་ཞིག་ཡིན་ཏེ། དེ་ལ་འབོད་སླ་བ་སྟེ་སྙབ་ཞུང་མཐའ་ཞིག་དང་། བརྗོད་བདེ་བ་སྟེ་སྦྱིབ་ལེགས་པ་ཞིག །དོན་གསལ་བ་སྟེ་འདྲ་ཆགས་པ་ཞིག་དང་བཅས་མཐུན་རྐྱེན་རྣམ་གསུམ་འཛོམས་པར་སྦྱར་ཤེས་དགོས་པར་མ་ཟད། མིང་མཐའ་མི་འདྲ་བ་དྲངས་ནས། དོན་གྱི་ངོ་བོ་མི་འདྲ་བ་སྟོན་པའི་མིང་གང་ཡང་བསྒྲུབ་ཤེས་དགོས། སྔ་མ་གོང་གསལ་ལས་རྟོགས་ཐུབ། ཕྱི་མ་འདིར་དཔེ་མཚོན་ན། གོང་དང་། གོང་མ་དང་། གོང་མོ་དང་། གོང་བ་དང་། གོང་བུ་དང་། གོང་པོ་སོགས་ཀྱི་ངོ་བོ་མི་གཅིག་ལ། རི་བ་དང་། རི་བོ་དང་། རི་བོང་དང་། རི་བྱི་དང་། རི་པ་དང་། རི་མ་དང་། རི་མོ་སོགས་དོན་མི་འདྲའོ། །མིང་མཐའ་མི་འདྲ་བ་དྲངས་ནས། དོན་གྱི་ངོ་བོ་སོ་སོ་བ་སྟོན་པའི་ཐ་སྙད་སྦྱིལ་ཐབས་འདི། བོད་སྐད་ཀྱི་ཁྱད་ཆོས་ཐུན་མོང་མ་ཡིན་པ་ཞིག་གོ། །

ཁྱད་ཆོས་ཀྱི་མིང་གི་མིང་མཐའ་པ་བ་མ་རྣམས་ལ་ན་རོ་སྦྱར་ན། དངོས་པོའི་མིང་གི་ཆ་དང་ལྡན་པར་གྱུར་འགྲོ། ཚ་བ་དང་ཚན་པོ་མི་གཅིག་སྟེ། ཤ་ཚ་བ་ཞེ་ན། ཤ་ཁྱད་གཞི་དང་ཚ་བ་ཁྱད་ཆོས་ཀྱི་ངོ་བོ་གཉིས་སུ་བསྟན་པ་ཡིན་པས། མིང་གི་ཚོགས་པའམ་ཚིག་ཏུ་གྲུབ་པ་ཡིན་ཏེ། ཤ་ཚ་གི་ཟེར་བ་ལྟ་བུ། ཤ་ཚན་པོ་ཞེ་ན། ཤ་དང་ཚན་པོ་ཆོས་ཅན་དེའི་ངོ་བོ་གཅིག་ཏུ་བསྟན་པ་ཡིན་པས། མིང་རྐྱང་བ་ཙམ་ལས་མ་འདས་ལ། དེ་ཕྱིར་ཚན་པོ་ཟ་ཞེས་བཤད་རུང་སྟེ། ཚན་པོ་དངོས་པོ་ལ་བསྟན་པ་དང་། ཚ་བ་ཟ་ཞེས་བཤད་མི་རུང་སྟེ། ཚ་བ་ཁྱད་ཆོས་ལ་བསྟན

པའོ། །དེ་བཞིན། ནོར་ལུག་མང་པོས་ཕྱུག་པོར་གྱུར། ཅེས་པའི་མང་པོ་ནི་དངོས་པོའི་མིང་དུ་གྱུར་པ་ཡིན་པས། མང་བ་དང་མང་པོ་དེ་གཉིས་ཕན་ཚུན་བརྗེ་མི་རུང་བས་གསལ། དེས་ན་ཁ་ཅིག་གིས་ཆེ་བ་དང་ཆེན་པོ། མཐོ་བ་དང་མཐོན་པོ་སོགས་ཀྱི་དབྱེ་བ་མ་ཕྱེད་པར། འོལ་ཚོད་ཀྱིས་ཆེ་པོ། མཐོ་པོ། རྣོ་པོ་ཞེས་བྲིས་པ་མི་འགྲིག་སྟེ། གཅིག་ཏུ། ཁྱད་ཆོས་ཀྱི་མིང་དང་དངོས་པོའི་མིང་ཉ་ཉུང་མཉམ་བསྲེ་བྱས་པ་དང་། གཉིས་སུ། མིང་མཐའ་འདྲེན་པའི་ཚུལ་དང་འགལ་ཏེ། སྦྱོར་གྱི་མཚན་ཉིད་ཞིག་ནས་སྐྱོན་ཆ་དོར་བྱུང་ངོ་། །ཡང་། རྫོངས་ཤིང་བླུན་པོའི་སྐྱེ་བོ་རྣམས་མཁས་པ་ལ་དགའ་མི་འོས། ཞེས་པ་ལྟ་བུ་ལས། རྫོངས་ཤིང་བླུན་པ་ཞེ་ན། ཁྱད་གཞི་སྐྱེ་བོ་དེའི་ཁྱད་ཆོས་ཡིན་པ་གོར་མ་ཆག་ལ། བླུན་པོའི་སྐྱེ་བོ་ཞེ་ན། མི་གཉིས་ལས་གཅིག་བླུན་པོ་དང་། གཅིག་སྐྱེ་བོ་ཡིན་ཞིང་། སྡེ་མ་ཕྱི་མའི་བདག་པོའི་ཚུལ་དུ་འབྲེལ་སྣང་ངོ་། །གར་མཁན་མ་ལ་སྐྱེས་མའི་གར་མཁན་ཞེས་པའང་དཔེ་འདི་དང་མཚུངས་སོ། །

བྱ་བའི་མིང་གི་མིང་མཐའ་པའམ་བ་མིང་མཐའ་གཞན་པ་ཞིག་ཏུ་བརྗེས་ན། དངོས་པོའི་མིང་དུ་གྱུར་འགྲོ་སྟེ། སྐྱེས་པ་ནི་བྱ་བའི་མིང་འདུས་པ་ཡིན་ལ། ཕོ་མོའི་ཟླས་ཕྱེ་བའི་སྐྱེ་བོ་ལའང་འཇུག་པ་དང་། སྐྱེས་བུ། སྐྱེས་མ་དག་གང་ཟག་གི་མིང་ཁྱད་པར་བ་ཡིན་ནོ། །བྱ་བའི་མིང་གི་མིང་མཐའ་བསྡུས་མ་བསྡུས་ལའང་ཁྱད་པར་ཡོད་དེ། སྐྱེས། ཞེས་པ་མིང་རྐྱང་དུ་འཚམ་རྟགས་སམ་འབྱུལ་བ་ལ་འཇུག་པ་དང་། བྱ་བ་ལ་སྦྱར་ན། མིང་མཐའ་བསྡུ་མི་བསྡུ་བབ་དང་བསྟུན་དགོས་ཏེ། སྔོང་བོ་སྐྱེས་པ་མང་། སྔོང་བོ་སྐྱེས་ཡོད་ས། ལྟ་བུའོ། །

དེ་ཕྱིར་མཁས་ཆེན་རྣམ་པས་མིང་མཐའ་འདྲེན་ཚུལ་སྦྱོར་སྦྱོར་གྱི་སྐྱོན་ཆ་འཛོམས་པ་དང་། དོན་གྱི་ཞིབ་ཆ་མི་འཁྲུལ་བར་དམིགས་པ་གཙོགས་སུ་བཟུང་ནས། འདོད་རྒྱལ་གྱི་མིང་གིས་གོ་ལོག་པར་ཚོད་ས། རྗེས་གྲུབ་ཀྱི་མིང་དེ་འདྲ་མི་

འཇུག་སྟེ། བརྩོན་འགྲུས་ཞན་པར་སྤྲོ་བ་སྐྱེད་པ། ཞེས་པའི་ཚིག་འདིར་མིང་བཞི་སྦྱར་ནས་ཡོད་པ་ལས། གསུམ་ནི་འདོད་རྒྱལ་གྱི་མིང་ཡིན་པ་ལྟ་བུའི་ཚིག་འདི་ཐུང་ཡང་དོན་གསལ་ཞིང་བརྗོད་ཉམས་ཐོན་པ་ལྟ་བུ། ཚིག་འདིར་རྗེས་གྲུབ་ཀྱི་མིང་འགའ་སྦྱར་ནས། འབད་རྩོལ་མི་བྱེད་པའི་ལེ་ལོ་ཅན་ལ་སྐུལ་ལྕག་བཏང་ནས་ཧུར་བརྩོན་བྱེད་དུ་འཇུག་དགོས་ཞེ་ན། དོན་འགྲིག་ཀྱང་ཚིག་སྣ་རིང་ཞིང་ཉོག་པས་བརྗོད་ཉམས་མེད་སོང་། ཡང་དོན་འདྲ་བའམ་དོན་ཉེ་བའི་མིང་གཉིས་མིང་གཅིག་ཏུ་བསྡེབས་ནས་སྦྱོར་བར་མི་དགའ། སྐྱིད་པའི་ཉི་མ་ཤར་ཟེར་བ་ལ། བདེ་སྐྱིད་ཀྱི་ཉི་མ་ཤར་ཞེས་མི་འཆད་དེ། སྐྱིད་པའི་ཁོངས་སུ་བདེ་བའི་དོན་འདུས་ཡོད་པའི་ཕྱིར་དང་། སྤེལ་སྦྱོར་གྱི་མཆོག་བྱིན་ཡོད་པའི་ཕྱིར་རོ། །

གཉིས་པ། རྗེས་གྲུབ་ཀྱི་མིང་གི་སྤེལ་སྦྱོར།

རྗེས་གྲུབ་ཀྱི་མིང་ནི། འདོད་རྒྱལ་གྱི་མིང་གང་འཚམ་ཞིག་གཞིར་བཟུང་ནས། དེ་ལ་འབྲེལ་ཡོད་ཀྱི་མིང་ངམ་སྒྲ་ཞིག་སྦྱར་ནས། བརྗོད་བྱའི་ཆོས་ཀྱི་ངོ་བོ་གཞན་ཞིག་སྟོན་པའི་བརྡར་གྱུར་པ་ཞིག་སྟེ། དཔེར་ན། ནགས་སྐྱེས་པའི་རི་བོ་ཞེས་པའི་ཚིག་སྣ་བསྡུས་ནས། ནགས་རི་དང་། དེ་བཞིན་དུ། གསེར་གྱིས་བཟོས་པའི་གཞོང་བ་ལ་གསེར་གཞོང་། ཕྱག་ན་རྡོ་རྗེ་ལ་ཕྱག་རྡོར། ཕ་རོལ་ཏུ་ཕྱིན་པ་ལ་ཕར་ཕྱིན། ཀུ་མུ་ད་དཀར་པོ་ལ་ཀུར་དཀར། མཛེས་ཤིང་སྡུག་པ་ལ་མཛེས་སྡུག་ལྟ་བུ་རྣམས་དང་། སྐྱེས་ཐོབ་ཀྱི་ཤེས་རབ་དང་། སྦྱངས་སྟོབས་ཀྱི་ཡོན་ཏན། ཞེས་པའི་ཚིག་སྣ་བསྡུས་ནས། སྐྱེས་སྦྱངས་དང་། དེ་བཞིན། སྲིད་པ་འཁོར་བ་དང་ཞི་བ་མྱང་འདས་ལ་སྲིད་ཞི། བརྟན་པ་སྣོད་ཀྱི་འཇིག་རྟེན་དང་། གཡོ་བ་བཅུད་ཀྱི་སེམས་ཅན་ལ་བརྟན་གཡོ། ཨ་ཆེན་གངས་རྒྱབ་དང་། མདོ་ལ་མན་ཆད་ལ་ཨ་མདོ།

འདོད་ཆགས་ཞེ་སྡང་གཏི་མུག་བཅས་རང་གཞན་ཀུན་ལ་ཉོན་མོངས་པའི་དུག་ལྟ་བུ་གསུམ་ལ་དུག་གསུམ། བཟོ་ལས་དེང་རབས་ཅན་དུ་འགྱུར་བ་དང་། ཞིང་ལས་དེང་རབས་ཅན་དུ་འགྱུར་བ་དང་། རྒྱལ་ཁབ་བསྲུང་སྐྱོབས་དེང་རབས་ཅན་དུ་འགྱུར་བ་དང་། ཚན་རིག་ལག་རྩལ་དེང་རབས་ཅན་དུ་འགྱུར་བ་ལ་འགྱུར་བཞི་ཞེས་པ་ལྟ་བུ་སྒྲ་བཤད་དུ་ཡོད་པ་སོགས་སོ། །

རྗེས་གྲུབ་ཀྱི་མིང་གི་སྦྱིབ་སྦྱོར་ནི། མིང་མཐའ་འདྲེན་ཚུལ་ལྟར་སྦྱར་བ་དང་། སྒྲ་སྤྱི་ཕྱི་ཤེད་སྐོམས་པར་སྦྱར་བ་རིགས་གཉིས་ལས། སྤྱི་མ་མིང་མཐའ་འདྲེན་པ་དངོས་མིན་ཡང་། དེ་བཞིན་སྦྱར་བ་ཞིག་སྟེ། འདོད་རྒྱལ་གྱི་མིང་ལ་མིང་མཐའ་ཅི་རིགས་ཤིག་མ་སྦྱར་ན། དོན་གྱི་ངོ་བོ་མི་གཅིག་པ་རྣམས་སོ་སོར་སྟོན་མི་སྲིད་པས། སྦྱིབ་སྦྱོར་ཇི་བཞིན་སྤྱི་མའི་རྗེས་འཇུག་གིས་རང་གི་མིང་མཐའ་དངོས་དྲངས་པ་ཡིན་ཞིང་། རྗེས་གྲུབ་ཀྱི་མིང་ནི། འབྲེལ་ཆགས་པའི་མིང་གཉིས་ཡན་ཆད་མིང་གཅིག་ཏུ་སྦྱར་བ་ཡིན་པས། ཕྱིར་མིང་གི་ཆ་ཤས་སྤྱི་ཕྱི་གང་རུང་ཞིག་དོན་མཐུན་གཞན་ཞིག་གིས་བརྗེས་ཚེག །མཐའ་ན་གཉིས་ཀའང་བརྗེས་ཚེག །དཔེར་ན། ངན་འགྲོ་ལ་ངན་སོང་དང་། མགོ་འདྲེན་ལ་དབུ་འཛིན་དང་། འཇུག་གནས་ལ་སྤྱོད་ཡུལ། ཞེས་པ་ལྟ་བུ་ཡིན་པས། རྗེས་གྲུབ་ཀྱི་མིང་གིས་མིང་མཐའ་འདྲེན་ཚུལ་ནི། མིང་མཐའ་དངོས་དྲངས་པ་མིན་ཡང་། སྦྱིབ་སྦྱོར་དུ་རྗེས་འཇུག་གི་དབང་ཆེ་བས། མིང་མཐའ་འདྲེན་ཚུལ་ལྟར་སྦྱར་བ་ཡིན་ནོ། །

དེ་ལ་རྟགས་མཚུངས་འདྲེན་པ་ལྟར་སྦྱར་བ། དཔེར་ན། འཇིག་རྟེན། སྡུག་བསྔལ། གདུགས་བཞེར། བདུད་རྩི། མཛོད་སྤུ། ཐུབ་བསྟན། ཞབས་ཏོག །གདོས་བཅས། རྒྱས་སྦྲོས། སྐྱབས་བཅུ་བ། ལྟ་བུ་སོགས་པོ་ཡིས་པོ་ཡི་མིང་མཐའ་འདྲེན་པ་ལྟར་བྱས་པ་དང་། སྙིང་རྗེ། གཏང་རག །གཏམ་རྒྱུད། གདམ་ངག །རྗེ་རྒྱས། སློ་གྲོས། མཁའ་ལྡིང་། མཐའ་དག །སྨྲ་བའི་སེང་གེ། ལྟ་བུ་སོགས་

མོ་ཡིས་མོ་ཡི་མིང་མཐའ་འདྲེན་པ་ལྟར་བྱས་པ་དང་། རིན་ཆེན། གཏན་ཚིགས། མཚན་དཔེ། དུར་ཁྲོད། སྤར་ཁྲིམ། རྟུལ་དམར། ཐལ་སྦྱུགས། ཕར་ཕྱིན། གསོལ་དཔོན་ལྟ་བུ་སོགས་མ་ནིང་གིས་མ་ནིང་འདྲེན་པ་ལྟར་བྱས་པའོ། །

རྗེས་འཇུག་གིས་རང་སྒྲ་འདྲེན་པ་ལྟར་སྦྱར་པ། རིག་གནས། མངག་གཞུག་པ། བཟང་ངན། གད་དར། གཞོན་ནུ། རབ་བྱུང་། ཁྲིམ་མཆོས། འཛུམ་མདངས། མཐའ་འཁོབ། རྣལ་ལམ། ཆོས་སྲིད། ལྟ་བུ་སོགས་ སྟེ་མའི་རྗེས་འཇུག་གིས་ཕྱི་མའི་སྔོན་འཇུག་གམ་མིང་གཞི་རང་སྒྲ་མཚུངས་པ་སྦྱར་བ་དང་། ཁམ་ཕོར། དམ་ཕྲུག །ཁྲབ་རྒྱག །ཕྲིན་ལས། ཞུར་ལངས་པ། གྲལ་རིམ། ཁག་ཁྲུག་པ། ཉན་རང་། འཆད་ཉན། གླིང་གཞི། གཟུངས་སྔགས། ལྟ་བུ་སོགས་སྔ་མའི་རྗེས་འཇུག་གིས་ཕྱི་མ་སྐྱེ་གནས་མཚུངས་པ་དྲངས་པའོ། །གཞན་ཡང་། མིང་གི་ཆ་ཤས་སྔ་མ་དང་ཕྱི་མ་གཉིས་ཀའི་རྗེས་འཇུག་རིགས་འདྲ་སྦྱར་བ། ཀན་ཀོན། སྟོད་སྨད། ཕར་ཚུར། ཐྲག་དོག །ཡས་མས། ཡོན་ཏན། གཡུང་དྲུང་། རིང་ཐུང་། ལྟ་བུ་སོགས་ཡོད་ཀྱང་ཁྱབ་ཆུང་ངོ་། །

ཕྱི་མ། སྒྲ་སྔ་ཕྱི་གཉིས་ཀ་ཤེད་སྙོམས་པར་སྦྱར་བ་ནི། རྗེས་གྲུབ་ཀྱི་མིང་དུ་གྲུབ་པའི་ཆ་ཤས་དག་མིང་མཐའ་འདྲེན་ཚུལ་དང་འབྲེལ་བ་ཡོད་ཀྱང་། གཙོ་ཆེར་ཆ་ཤས་སྔ་ཕྱིའི་སྒྲ་སྦྱོར་བཏང་དུ་དྲག་པ་ནས་ཞན་པར་ཤེད་སྙོམས་པར་སྦྱར་བ་ཞིག་སྟེ། འདི་རིགས་ལས་མིང་གཉིས་སྒྲ་བཤད་ལྟར་གོ་རིམ་བཞིན་མིང་གཅིག་ཏུ་གྲུབ་པ། མཁའ་དབྱིངས་སུ་རྒྱུ་བའི་སྐར་མ་ལ་རྒྱུ་སྐར་དང་། བཟའ་བཏུང་ལོངས་སུ་སྤྱོད་པ་ལ་ལོངས་སྤྱོད། ཅེས་པ་ལྟ་བུ་རྣམས་གོ་རིམ་བཙན་པའི་དབང་གིས། དྲག་པ་སྔ་མ་དང་ཞན་པ་ཕྱི་མར་སྦྱོར་མི་ཉུང་བ་མ་གཏོགས། ཕལ་ཆེར་གཤམ་གསལ་ལྟར་སྦྱར་བ་ཡིན་ཏེ།

དང་པོ། སྒྲ་དྲག་ཞན་བར་མའི་འདྲེན་བྱེད་སྔོན་འཇུག་ཡིན་པས། སྔ་མའི་

སྔོན་འཇུག་ཕྱི་མའི་སྔོན་འཇུག་གམ་མིང་གཞི་ལས་སྒྲ་ཅུང་ཟད་དྲག་པར་སྒྱུར་བ། དཔེར་ན། བསོད་ནམས། བསྔོ་སྨོན། བཤེས་གཉེན། དམུས་ལོང་། དགོན་མཆོག །དཔལ་ཡོན། གཏི་ཐུག །གཟུགས་ཕུང་ལྟ་བུ་སོགས་དང་།

གཉིས་པ། སྒྲ་དྲག་ཞན་པར་མའི་འགྱུར་བྱེད་མཐའ་རྟེན་ཡིན་པས། སྔ་མའི་མཐའ་རྟེན་ཕྱི་མའི་སྔོན་འཇུག་གམ་མིང་གཞི་ལས་སྒྲ་ཅུང་ཟད་དྲག་པར་སྒྱུར་བ། འདག་ཆལ། ཕྱོགས་ལྷུང་། རྨད་བྱུང་། དུད་འགྲོ། དེབ་ཐེར། སྐྱབས་མགོན། ཐོས་འཛིན། ཀློས་གར། འཁོར་འགྲོ། ཀུན་མཁྱེན། ཡུལ་ལྗོངས། རལ་གྲི་ལྟ་བུ་སོགས་དང་།

གསུམ་པ། སྒྲ་དྲག་ཞན་པར་མའི་ངེས་བྱེད་མིང་གཞི་ཡིན་པས། སྔ་མའི་མིང་གཞི་ཕྱི་མའི་མིང་གཞི་ལས་སྒྲ་ཅུང་ཟད་དྲག་པར་སྒྱུར་བ། འདི་ལ་རྣམ་པ་གསུམ་མཆིས་ཏེ།

གཅིག་ནི། མིང་གཞི་སྔ་ཕྱི་གཉིས་ཀའི་སྒྲ་ཤེད་མཉམ་པར་སྒྱུར་བ། སྤང་སྤོས། རྩེ་རྒྱང་། བརྟད་སྐྱེན། རྩ་རྩེ། རྡོ་རྗེ། སྙེལ་སྦྱོར། བསླབ་སྦྱང་ལྟ་བུ་སོགས་དང་།

གཉིས་ནི། སྔ་མའི་སྒྲ་གདངས་ལྷོ་ཞིང་གྲིམ་པ་སྟེ་མིང་གཞི་ཕོ་ཡིག་བརྩེགས་པ་ཅན་དང་། ཕྱི་མའི་སྒྲ་གདངས་ལྷོ་ཞིང་ལྷོད་པ་སྟེ་མིང་གཞི་མོ་ཡིག་བརྩེགས་པ་ཅན་ནམ། མིང་གཞི་ཕོ་ཡིག་རྐྱང་བ་ཅན་གཉིས་མཉམ་དུ་སྒྱུར་བ། སྐམ་ རློན། སྒྲ་བརྙན། ལྟུགས་སྨྱུག །སྤྲུན་ཟླ། རྩ་རླུང་། སྤྱི་སྲིད། བརྟག་དཔྱད། སྤྱི་གཙུག །རྩད་བཅད་པ། སྦྱང་གི་ལྟ་བུ་སོགས་དང་།

གསུམ་ནི། སྔ་མའི་སྒྲ་གདངས་ལྷོ་ཞིང་ལྷོད་པ་སྟེ་མིང་གཞི་མོ་ཡིག་བརྩེགས་པ་ཅན་དང་། ཕྱི་མའི་སྒྲ་གདངས་ལྷོ་ཆ་མེད་པར་དྲག་པ་ཙམ་མམ་རན་པ་ཙམ་སྟེ་མིང་གཞི་མོ་ཡིག་རྐྱང་བའམ་མ་ནིང་གཉིས་མཉམ་དུ་སྒྱུར་བ། སྨང་ཐུར། སྒྲ་གཅན། རྫ་ཐོགས་པ། ལྷང་དཀར། སྙིང་ཐག་པ། སྙིང་རྟིག །བསྙེན་བཀུར། རྟོད་

ཕུར། གདོས་བཅས་ལྟ་བུ་སོགས་སོ། །

སྒྲ་སྦྱོར་ཕྱི་ཤེད་སྐྱོམས་པར་སྦྱར་བ་འདི་དག་མིང་གི་ལྡོག་ཟླ་ལས་མངོན་པར་གསལ་ཏེ། སྟོད་སྨད། སྐྱོན་ཡོན། གླང་དོར། རྐོད་གཡུང་། དཀའ་སླ། དགྲ་ཟླུན། ཕྱི་ནང་ལྟ་བུ་སོགས་ཀྱིས་མཚོན་མོད་ཀྱང་། མཐའ་གཅིག་ཏུ་མ་ངེས་ཏེ། མིང་གི་ཆ་ཤས་སམ། མིང་གི་ཚོགས་པ་གོ་རིམ་གྱི་དབང་བཙན་པ་སྒྱིར་བཏང་གི་སྒྲ་ལྡི་ཡང་གི་སྦྱ་གཞུག་ཅི་ལྟར་ཡིན་ཙང་། མགོ་རྗེང་བཟློགས་ནས་སྦྱར་མི་ཉུང་། དཔེར་ན། ཞལ་གསུང་། སྲུང་སྲི། རྒྱལ་བློན། ནོར་ལུག །རྒན་གཞོན། ཕོ་མོན། ནངས་དགོང་། སང་གནངས་རྣམས་ལ། གསུང་ཞལ། སྲི་སྲུང་། བློན་རྒྱལ། ལུག་ནོར། གཞོན་རྒན། མོན་ཕོ། དགོང་ནངས། གནངས་སང་ལྟ་བུའི་བཤད་སྲོལ་མེད་དེ། ཁུངས་དང་བྱུང་བའམ། གཙོ་ཕལ་ལམ། ཆེ་ཆུང་ངམ། སྔ་ཕྱི་སོགས་གང་ཉུང་གི་འབྲེལ་བ་ཡོད་པའི་ཕྱིར་རོ། །

དེ་མིན་མིང་གི་སྦྱོར་ཚུལ་གོ་རིམ་གྱིས་ཆངས་པ་མེད་ན། གོང་གསལ་ལྟར་སློབ་སྦྱོར་གྱི་དབང་གིས་ཆ་ཤས་སྔ་ཕྱི་ཕར་ཚུར་བརྗེ་མི་ཉུང་སྟེ། ལྗོ་ཟུབ་ལ་ཟུབ་ལྗོ། དམར་སེར་ལ་སེར་དམར། རྒྱ་བོད་ལ་བོད་རྒྱ། ཞེས་མི་འཆད། དེ་བཞིན་དུ། ཧ་ཟོག །རོང་འབྲོག །གཡས་གཡོན། སྐུ་གསུང་ཐུགས་གསུམ། བཟོ་ཞིང་འབྲོག་གསུམ། སྟག་གཟིག་དོམ་དྲེད། ཟས་གོས་འགྲོ་འདུག་ལྟ་བུ་སོགས་ཀྱི་ཡ་གྱལ་གང་ཉུང་གི་གོ་ས་ཕར་བརྗེ་ཚུར་བརྗེ་བྱ་མི་ཉུང་བ་བརྗོད་བདེ་བས་གྲུབ་བོ། །

གསུམ་པ། སློབ་ལེགས་པར་སྦྱར་བའི་དཔེར་བརྗོད།

གོང་གསལ་མིང་གི་སློབ་སྦྱོར་རྣམས་ལས། ཉུང་ཤས་མོ་སྟོན་ཕག་མགོ་སྟབས་འགྲིག་འདྲ་ཡིན་སྲིད་ཀྱང་། ཕལ་ལམ་བོད་སྐད་ཀྱི་ཁྱད་ཆོས་ཇི་བཞིན་ལྡན་གྱིས་

གྲུབ་པ་ཡིན་ཏེ། མིང་གི་ཆགས་ཚུལ་དེ་ལུགས་བཟ་གསར་རྙིང་ལ་བརྟེན་ནས་ཅུང་ཟད་དཔྱད་ན། དོན་དམ་པ་རྟོགས་པར་གྱུར་འགྲོ།

མིང་མཐའ་རྟགས་མཚུངས་འདྲེན་པ་ལ། ཡུངས་དཀར་ནག་གི་ཟླས་ཕྱེ་བའི་ཡུངས་དཀར་ལ་ཡུངས་ཀར། ཞེས་པ་ཡང་འཇུག་ཕོ་སྟེ་ས་ཡིས་མིང་མཐའ་རྟགས་མཚུངས་དྲངས་པ་དང་། རྒྱ་དཀར་ནག་གི་ཟླས་ཕྱེ་བས་རྒྱ་དཀར་ལ་རྒྱ་གར། ཞེས་པ་མོ་ཡིས་མོ་དྲངས་པ་དང་། ཐལ་ཀར་ཞེས་པ་སྤུ་ཁར་བསྐོས་ནས་བཏགས་པའི་སླང་པོ་ཆེའི་མིང་ཡིན་མོད། སྔ་མར་ཡང་འཇུག་ད་ནི་ཤུགས་བསྟན་དུ་ཡོད་པས། རྟགས་མཚུངས་འདྲེན་པ་ལྟར་སྦྱར་ནས་མིང་མཐའི་དམ་འཕུལ་དོར་བྱུང་། ཅོག་པུར་དང་། ས་འབུར་དང་། ཆུ་བུར་གསུམ་གྱི་མིང་མཐའི་ངོ་བོ་གཅིག་ཀྱང་། སྔ་མ་དྲག་པས་དྲག་པ་དང་། བར་མ་ཞན་པས་ཞན་པ་དང་། ཕྱི་མ་རན་པས་རན་པ་དྲངས་པའོ། །

དེ་བཞིན་གནམ་དཔངས་ལ་ནམ་འཕང་དང་། མ་གཡར་བུ་གཡར་ལ་མ་ཡར་བུ་ཡར་དང་། བོང་ཐོར་ལ་བོང་དོར་སོགས་སུ་སྦྱར་པ་ཡང་། རྟགས་མཚུངས་དྲངས་པས་གྲུབ་པོ། །བཻཌཱུ་གཡའ་སེལ་ལས། ཏ་ཡིག་གི་འབྲི་ཚུལ་ལ། ཁོག་འདྲེན་དྲང་ལ་ཏཱེད་ལྟེམ་ཟླུམ། ཞེས་གསུངས་པའི་ཏཱེད་ལྟེམ་ནི་ཏཱེད་པའི་ཐེམ་པ་སྟེ། ཚིག་བར་བསྡུས་ནས་ཏཱེད་ཐེམ་ཞེ་ན། བརྗོད་པ་མི་བདེ་བས་རྟགས་མཚུངས་འདྲེན་པ་ལྟར། ཏཱེད་ལྟེམ་དུ་སྟེབ་ལེགས་པར་སྦྱར་པ་ཡིན་ནོ། །པོ་ཏོ་བའི་ཚིག་ལེབ་རིང་མོ་ལས། རྒྱུ་བསགས་བསགས་པ་རྣམས་འཆི་ཁར་མངོན་སུམ་དུ་མིག་གཅེར་རེ་བར་ཐམས་ཅད་ལིངས་ཀྱིས་བཞག་ནས་འགྲོ་བཞིན་འདུག་པར་གསུངས་པ་ལས། མིག་གཅེར་རེ་བ་ཞེས་པ་མིག་ཅེ་རེ་བར་མ་བྲིས་པར་དེ་ལྟར་བྲིས་པ་ཡང་། གནས་མཚུངས་འདྲེན་པ་ལྟར་བརྗོད་བདེ་བར་བྱས་པའོ། །དེ་ཡང་། གཅེར་བུ་ནི། ལུས་སམ་དངོས་པོ་སོགས་ལ་སྒྲིབ་བྱེད་དམ་འགེབས་བྱེད་མེད་པའི་དོན་ཡིན། དེ་ཟུར་

ཆག་ནས་མིག་ཅེ་རེ་བར་གྲུགས་སོ། །ཡང་། དཔེ་ཆ་དེ་ལས། བུ་མོ་སླིན་མས་ཇོ་བོ་ལ་མིག་ཕར་ཆེར་ཚུར་ཆེར་བྱས། ཞེས་པ་ལས། ཕར་ཆེར་ཚུར་ཆེར་ནི། ཕར་ཅེར་ཚུར་ཅེར་ཟེར་བ་ཡིན་ཞིང་། ཆེར་བ་ནི་གཅེར་བའི་གས་འཕྲུལ་དོར་བའི་ཅེར་པའི་དོན་ཏེ། མ་ཉིང་གིས་མ་ཉིང་དྲངས་ནས་བརྗོད་བདེ་བར་བྱས་སོ། །

བྱ་བའི་མིང་གང་འབྲེལ་གྱི་དངོས་པོའི་མིང་ལ་སྒྱུར་ན། དེའི་སྔོན་འཇུག་དོར་བ་ཡིན་ཏེ། རྩིས་བརྩིས་ན་མཁས། གྲངས་ཀ་བགྲངས་ཚར། རྟེན་ལ་བརྟེན་པ། ཁ་ཏོན་བཏོན་ཟིན། ལམ་རྒྱུགས་ཟིན་ནས་བརྒྱུགས། སྡིགས་མཛུབ་ཀྱིས་བསྡིགས་པ། ལྟ་བུ་སོགས་ལས་འཁྲུག་རྟགས་ཅན་ནི་བྱ་བའི་མིང་དང་། ཐིག་རྟགས་ཅན་ནི་བྱ་བ་དེས་བསྒྲུབ་པར་བྱ་བའི་དངོས་པོའི་མིང་ཡིན། དེས་ན་རི་དྭགས་ཞེས་པ། དུད་ཚང་གི་བསྐྱང་བྱ་མིན་པའི་སེམས་ཅན་རྒྱ་གཟན་རིགས། རི་ལ་བཏགས་པ་བཞིན་དུ་འཁོར་ཞིང་གནས་པས་ན། རི་བཏགས་ཞེས་གྲུབ་ཀྱང་། དངོས་པའི་མིང་དུ་བས་འཕྲུལ་དོར་ན་རི་ཏགས་ཡིན་ཡང་། མོ་ཡིས་མོ་ཡི་མིང་མཐའ་དྲངས་ནས་རི་དགས་ཞེས་འགྱུར། དགས་ཀྱི་མིང་གཞི་སྔོན་འཇུག་ཏུ་མི་འཁྲུལ་ཆེད། ཕ་ཟུར་བཏགས་ནས་རི་དྭགས་ཞེས་བྲིས་པ་དང་། གླ་དྭགས་ནི། དཔེར་ན། བུ་ཞིག་ལ་སེང་གེའི་མིང་དུ་འདོད་པ། དངོས་མིང་མིན་གྱི་བཏགས་མིང་ཡིན་པ་འདི་རིགས་ལ་གླ་ནས་བཏགས་པ་སྟེ། ཚོག་བར་བསྡུས་ནས་གླ་བཏགས་ཟེར་ཡང་། རྟགས་མཚུངས་དྲངས་པས་གླ་དྭགས་ཞེས་འགྱུར། བབ་ཅོལ། ཞེས་པ་མ་བརྟགས་པའི་གཏམ་མམ་བྱ་བ་བབ་དང་མི་མཐུན་པར་བཤད་པའམ་བྱས་པ་འཚོལ་བར་འགྱུར་བའི་དོན་ཏེ། ཚོག་བར་བསྡུས་ན་བབ་འཚོལ་ཡིན་ཡང་། འཚོལ་བ་དངོས་པོའི་མིང་དུ་སྒྱུར་ན། འས་འཕྲུལ་དོར་ཞིང་། རྟགས་མཚུངས་དྲངས་པས་བབ་ཅོལ་དུ་གྲུབ་བོ། །གླ་ཅོལ་ནི། གླ་བ་འཚོལ་བའི་དོན་ཏེ། དཔེ་སྙིང་དུ་གླ་འཚོལ་ཞེས་བྲིས་པ་སྣང་ཡང་། སྒྲ་གདངས་ལྡི་བའི་གླ་ལ་ཕོ་ཡིག་སྒྱུར་པས་གླ་ཅོལ་ཞེས་ཤེད་མཉམ་

པར་གྲུབ་པོ། །མཇལ་དུས་ནི། གྲོད་དམ་འགལ་བ་བྱུང་བའི་ཕན་ཚུན་གྱི་འགན་འཁུར་བ་རྣམས་ཞལ་མཇལ་ནས་འདུམ་པར་མཛད་པ་ཡིན་པས། མཇལ་འདུམ་ཞེ་ན་འགྲིག་ཀྱང་། མ་ནིང་གིས་མོ་ཡིག་འ་དྲངས་ན། ཞན་ཆེས་པའི་སྐྱོན་གྱིས་འབས་འཕུལ་དོར་བ་ཡིན་ནོ། །བྱ་བའི་མིང་དངོས་པོའི་མིང་དུ་འཇུག་པར། འཕུར་དོར་བའི་དོན་ཡང་། གཅིག་ཏུ་བརྗོད་བདེ་བར་བྱེད་པ་དང་། གཉིས་སུ་དོན་གྱི་ངོ་བོ་མི་གཅིག་པ་མཚོན་པའི་ཕྱིར་རོ། །

བྱ་བའི་མིང་ལ་བདག་དང་འབྲེལ་བ། གཞན་དང་འབྲེལ་བ། བདག་གཞན་གང་དང་མ་འབྲེལ་བ་སྟེ་ངང་གིས་བྱུང་བ་རིགས་གསུམ་ཡོད་པ། དཀྱུས་གཅིག་ཏུ་དཔེ་འགའ་བཀོད་ན།

ཐག་པ་ཆད་པ་བཅད་ནས་ཚོད་པ་ཡིན།
རྨ་ཤུན་ཐོག་པ་བཀོག་ནས་ཁོགས་པ་ཡིན།
རི་མོ་སྦྱར་ནས་འབྱོར་སོང་འབྱར་ནས་འདུག །
ཤེད་ཀྱིས་དཔྱུལ་ནས་ཕྱུལ་བའི་གོར་བྱུལ་ཟ།
(བདག_གཞན_ངང_)

ལྟ་བུ་རྣམས་ལས། དང་པོ་བྱེད་པ་པོས་ཕར་ལས་ལ་འཇུག་པའི་བྱ་བ་སྟེ་འབྲས་བུ་སྐྱེད་བྱེད་ཀྱི་རྒྱུ་དང་། གཉིས་པ་ལས་ལས་ཚུར་སྣང་བའི་བྱ་བ་སྟེ་རྒྱུ་ལས་བྱུང་བའི་འབྲས་བུ་ཡིན་ལ། གསུམ་པ་རང་གི་ངང་གིས་གྲུབ་པར་སྣང་བའི་འགྱུར་ལྡོག་ཡིན་ནོ། །བྱ་བའི་མིང་འདི་གསུམ་གྱི་ངོ་བོ་མི་གཅིག་པས། སྒྲ་ལ་ཁྱད་པར་བྱུང་བ་དང་། ཕན་ཚུན་འབྲེལ་དམ་པོར་ཆགས་ཡོད་པས། མིང་གཞི་སྡེ་བ་གཅིག་ཏུ་འདུས་པ་ཡིན་ནོ། །

དེས་ན་ཐླ་གབ་ནི་ཐོག་ཁིབས་ཏེ། རང་བྱུང་མིན་གྱི་རྩོལ་བྱུང་ཡིན་པས། པང་ཁིབས། རྟ་ཁིབས། ཅོག་ཁིབས་ཇི་བཞིན། ཐླ་ཁིབས་ཤེ་ན་འགྲིག་མོད། རྟགས་མཚུངས་པ་ལྟར་སྦྱར་པས་ཐླ་གབ་ཏུ་གྲུབ་བོ། །ཚེ་འཛུགས་ནི། བཙས་མ་ཐག་པའི་བེའུ་དང་ལུ་གུ་ལྟ་བུའི་མིང་སྟེ། ཚེ་མགོ་ཚུགས་པ་ཅན་གྱི་དོན་ཡིན་པས། ཚེག་བར་བསྡུས་ན་ཚེ་ཚུགས་ཏེ། མོ་ཡིས་མོ་ཡི་མིང་མཐའ་དྲངས་པས། ཚེ་འཛུགས་ཞེས་གྲུབ་བོ། །

བྱ་བའི་མིང་བྱ་བྱེད་ལས་གསུམ་དུ་འཇུག་པ་ནི། བྱེད་པ་ད་ལྟ་བ་ཡིས་སྟོན། །ལས་ནི་མ་འོངས་པ་ཡིས་སྒྲུབ། །བྱ་བ་དུས་ཀྱི་བབ་དང་བསྟུན། །ཞེས་པ་ལྟར། བྱ་བའི་མིང་བྱེད་པར་འཇུག་པ། དོ་དམ་པ། ནོར་འཛིན་མ། དབུ་འདྲེན། སློ་སྲུང་། བལ་འབྲེག་ལྟ་བུ་བྱེད་པ་གཙོ་བོ་དང་། སྒྲུབ་བྱེད། ཁ་གཙོད། སྣ་གཙུ། སེན་འདྲུ་ལྟ་བུ་བྱེད་པ་ཕལ་བར་གྲུབ་པ་ཡིན་མོད། སློབ་དཔོན་ཞེས་པ་ལྟར། དེད་དཔོན་གྱི་དེད་ལ་ད་ལྟ་བ་འདེད་ཡིན་ན་འགྲིག་མོད། ད་ལྟ་བ་ཞན་ཆེས་པས་འདས་པ་སྦྱར་པ་ཡིན་ནོ། །བཞོ་ཟེའུ་འཛིན་སྤྱད་ལ་བཞོ་འཛིན་མི་ཟེར་བར། བཞོ་གཟུང་། ཞེས་པ་སྔ་མ་བས་འཕུལ་སྒྲ་དྲག་པ་དང་། ཕྱི་མ་འས་འཕུལ་སྒྲ་ཞན་པར་མ་ཟད། སྒོས་སུ་དབྱངས་ཀྱི་ང་རོ་སྟོད་པ་ནས་བཀུག་པར་སྦྱར་ན་བརྗོད་མི་བདེ་བས་བཞོ་གཟུང་ཞེས་ད་ལྟ་བའི་དོད་དུ་མ་འོངས་པ་སྦྱར་ནས་བརྗོད་བདེ་བར་གྱུར་སོང་། ཁབ་ལྟ་བུའི་འཛིན་བྱེད་ལ་ཁབ་འཛིན་མི་ཟེར་བར། ཁབ་བཟུང་། ཞེས་པ་འདས་པ་སྦྱར་པ་རྟགས་མཚུངས་དྲངས་པ་དང་། ཤ་འཛིན་བྱེད་ལ་ཤ་འཛིན་མི་ཟེར་བར་ཤ་ཟུང་། ཞེས་པར་ཡང་གོང་བཞིན་ནོ། །ཛ་ཡབ་ནི། ཛ་མས་བཟོས་པའི་སྣང་ནག་སོགས་སྐྲོད་བྱེད་དམ། གཡོབ་བྱེད་ཡིན་པས། ཛ་ཡབ་ཀྱི་ཡབ་ལ་ད་ལྟ་བ་གཡོབ་སྦྱར་ན་འགྲིག་མོད། སྒྲའི་ང་རོ་དྲང་བ་ནས་སྒྲོ་བུར་དུ་བསྒོད་པར་བསྒྱུར་ན་བརྗོད་མི་བདེ་བས། མ་འོངས་པས་ཚབ་བྱས་ནས་

ཅ་གཡབ་དང་། རྟགས་མཚུངས་འདྲེན་པ་ལྟར་བྱས་ནས་ཅ་ཡབ་ཏུ་གྲགས་པ་དང་། རླུང་གཡོབ་བྱེད་ཀྱང་རླུང་གཡབ་ཏུ་འབོད་པ། དབྱངས་ཀྱི་ང་རོ་སྨད་པ་ནས་དྲང་བར་བཏགས་ན། བསྟོད་པ་ལས་བཟློད་བདེ་བའི་ཕྱིར་རོ། །

གྲངས་ཀྱི་བཅུ་ལྔ་དང་བཅུ་བརྒྱད་ལ་བཅོ་ལྔ་དང་བཅོ་བརྒྱད་ཟེར་བ། དབྱངས་ཀྱི་ང་རོ་བསྟོད་པ་ནས་སྨད་པ་བཟློད་བདེ་བར་བྱས་པ་ཡིན། གཉིས་བཅུ་ལ་ཉི་ཤུ་ཟེར་བ་ཡང་བཟློད་བདེ་བར་བྱས་པ་ཡིན། ཉི་ཤུ་བརྩེགས་གཅིག་བརྩེགས་གཉིས་ཀྱི་བརྩེགས་འགྲིག་ཀྱང་། སྒྲ་རྐྱབ་ཅིང་དྲག་པས། རྐྱབ་ཆ་དོར་ནས་ཉི་ཤུ་རྩ་གཅིག་རྩ་གཉིས་ཞེས་འདོན་པས་སོ། །

བྱ་བའི་མིང་ད་ལྟ་བ་མཐའ་མེད་ཅན་ལ་རྗེས་འཇུག་ན་སྦྱར་ན། བྱ་བ་དེའི་བྱེད་པར་གྱུར་འགྲོ། གསེར་རྐོ་བའི་མི་ལ་གསེར་རྐོན་དང་། ཤིང་འཐུ་བ་པོ་ལ་ཤིང་ཐུན་དང་། ཞིང་རྨོ་བའི་ཟོག་ལ་རྨོན་པ་དང་། ཤིང་འབུ་རྐོ་བའི་བྱ་ལ་ཤིང་རྐོན་དང་། འཁོར་ལོ་ལ་ཟོ་བ་ལྟ་བུ་སྲིད་པའི་ཆུ་འཆུ་བྱེད་ལ་ཟོ་ཆུན་ཞེས་པ་ལྟར། རོ་ཟ་བ་པོ་ལ་རོ་ཟན་ཞེས་འབོད་ཀྱང་། རྩྭ་ཟ་བ་པོ་ལ་རྩྭ་གཟན་དང་། ལྟོ་ཟ་བ་པོ་ལ་ལྟོ་གཟན་དང་། བག་མ་ལེན་པའི་སྟོན་མོ་ཟ་བ་པོ་ལ་སྟོན་གཟན་ཟེར་བའི་གཟན་ལ་གས་འཕུལ་བ་ནི། སྒྲ་ཤེད་སྐྱོམས་པར་བྱས་པ་ཡིན། གཞན་གྱི་ཟས་གཟིགས་མ་ཐོར་བར་ཟ་ཞིང་། བརྟུལ་ཞུགས་སྤྱོད་པའི་དྲང་སྲོང་ཞིག་ལ་གཟིགས་ཟན་མི་ཟེར་བར། གཟིགས་བཟན་དུ་འབོད་པ་ཡང་། དྲག་པས་དྲག་པ་དྲངས་པ་དང་། གཅན་གཟན་ནི། བཙན་གྱིས་རི་དྭགས་ཅི་རིགས་བསད་ནས་ཟ་བའི་སྟག་གཟིག་དོམ་དྲེད་སོགས་ལ་ཟེར་བ་ཡིན་པས། གཅན་ཟན་ཞེ་ན་འགྲིག་མོད། སྒྲ་དྲག་ཞན་ཤེད་མི་མཉམ་པས། རྟགས་མཚུངས་འདྲེན་པ་ལྟར། ཟན་ལ་གས་འཕུལ་བ་དང་། ཨ་བྲ་ཟ་བ་པོ་ལ་ཨབ་གཟན་ཞེས་པ་ཡང་དེ་བཞིན་ཡིན།

མདོར་བསྡུས་ན། བོད་སྐད་ཡོངས་གྲགས་ཀྱི་མིང་རྣམས་ལ། གནའ་བོ་ཉིད་

ནས་སྦྱིབ་སྦྱོར་རིག་པ་རང་ཤུགས་སུ་ཆགས་ཡོད་དེ། མིང་གི་ཆ་ཤས་སྔ་ཕྱིའི་སྒྲ་གང་ཞིག་དྲག་ཆེས་སམ་ཞན་ཆེས་ན། སྦྱིབ་སྦྱོར་ཇི་བཞིན་ཤེད་མཉམ་པར་བསྒྱུར་སྣང་།

དེ་ལ་སྒྲ་སྔ་མ་བསྒྱུར་པ་ནི། དཔེར་ན། ཚོག་འཛམ་པོས་བསྒོ་བ་ཞེས་པའི་ཚིག་བར་བསྡུས་ན། འཛམ་བསྒོ་ཡིན་ཡང་། སྒྲ་སྔ་མ་ཞན་ཆེས་པས་གཞམས་བསྒོ་ཞེས་འགྱུར། དེ་བཞིན་དྲན་སྐྱུལ་ལ་གཞིན་སྐྱུལ་དང་། འཛའ་ཚོན་ལ་གཞའ་ཚོན་དང་། ཞབས་འབྲིང་ལ་ཞམ་འབྲིང་དང་། ཞམ་རིང་ཞེས་གྲགས། ཕན་ཚུན་འགན་འཁུར་བར་བཞག་པའི་ཡིག་རྒྱ་ལ་གན་རྒྱ་ཞེས་གྲགས། ཥང་གདུབ་དང་། ལག་གདུབ་དང་། གདུབ་གོར་ཟེར་ཚོ་བ་མཐའ་ཡོད་ཀྱང་། གདུ་བུ་ཞེས་པར་བ་མཐའ་སྤྱངས་པ། ཆུང་ངུ་ཙམ་མཚོན་པ་མ་ཡིན་པར། མོ་ཡིས་མོ་ཡི་མིང་མཐའ་དྲངས་པ་ཡིན། ཡིད་མུག་པ་ལ་ཡི་མུག་པ་དང་། ཡི་རེ་མུག་ཅེས་ཡིད་ཀྱི་རྗེས་འཇུག་ད་དོར་བ་ཡང་དེ་བཞིན་ཡིན་ནོ། །དཀྱིལ་ཀྲུང་ཞེས་པ། ཥང་བ་དཀྱིལ་ནས་སྐྱིད་པ་ཀྲོང་བར་བྱས་བའི་འདུག་སྟངས་ཏེ། ཚིག་སྡུ་བསྡུས་ན་དཀྱིལ་ཀྲོང་ཡིན་མོད། དེ་ཡང་ང་རོ་བཀུག་པ་ནས་སྨྲད་པར་བརྗོད་བདེ་བར་བྱས་སོ། །སླང་བོ་ཆེའི་སོ་ལ་གླང་སོ་ཞེ་ན། སྒྲ་སྔ་མར་ལྷི་ཆ་ལྡན་པས་ཤེད་མི་མཉམ་པ་དང་། དེ་ཡང་བའི་རིགས་ཡིན་པས་བ་སོ་ཞེས་གྲགས་སོ། །དབུས་མ་དང་། དབུས་ཏུ་ལ་དབུ་མ་དང་། དབུ་ཏུ་ལྟར་བྲིས་པ་ཡང་། ས་མཐའ་སྤྱངས་ནས་ཧྲགས་མཚུངས་འདྲེན་པར་བྱས་པ་ཡིན།

སྒྲ་ཕྱི་མ་བསྒྱུར་པ་ནི། དཔེར་ན། དུང་དཀར་གྱི་སྣན་ངག་ལས་སྣན་ངག་ནི་རྒྱན་གྱིས་མཛེས་པའི་ཚོགས་བཅད་ཀྱི་མིང་དང་། སྣན་དངགས་ཞེས་པ་དེའི་གཞུང་ལ་ཟེར་ཞེས་བཀྲལ་ཀྱང་འཐད་པར་མ་མཐོང་། དེ་གཉིས་ངོ་བོ་གཅིག་སྟེ། གནའ་མིའི་སྐད་དུ་སྦྱིབ་སྦྱོར་གྱི་ཟུར་མ་ཉམས་པར། མ་ནིང་གིས་མ་ནིང་དྲངས

པས་སྙན་དངགས་ཞེས་བྱའོ། །བསྟན་གདངས་པ་ནི། བསྟན་གཞི་དྭངས་པའི་དོན་ཡིན་མོད། བསྟན་དྭངས་པ་ཞེ་ན་བརྗོད་མི་བདེ་བས་རྟགས་མཚུངས་འདྲེན་པར་གྱུར་ཏོ། །རྐྱབ་ཆོས། ཞེས་པ་སྒྲ་སྔ་མ་དྲག་ཆེས་པས། རྐྱབ་ཙོས་ཞེས་དྲག་པས་དྲག་པ་འདྲེན་པ་ལྟར་འགྱུར། དགོན་ཆེན་སེ་ར་དང་འབྲས་སྤུངས་དགའ་ལྡན་གསུམ་གྱི་བསྡུས་མིང་ལ་སེ་འབྲས་དགའ་གསུམ་མི་ཟེར་བར། སེ་འབྲས་དགེ་གསུམ་དུ་གསོལ་བ་ནི། སྒྲ་སྔ་མའི་ང་རོ་སྒྲེང་བ་དང་། ཕྱི་མ་གཉིས་ཀྱི་ང་རོ་དྲང་བ་ཡིན་པས་བརྗོད་མི་བདེ་ཞིང་། དགའ་ལ་འགྲེང་བུ་སྦྱར་ནས་དབྱངས་སྒྲེང་བར་བྱས་པ་དང་། དགེ་ལུགས་པའི་དོན་ལའང་མཐུན་པའི་ཕྱིར་རོ། །གཞུང་རྣམས་ལས་མིག་མཐོང་ལག་ཟིན་གྱི་ཚིག་དོན་ཆེད་དུ་དུམ་བུ་དུམ་བུ་རེར་ཐིགས་པ་བསགས་པ་ལྟར་བཀོད་པའི་ཟིན་བྲིས་ལ། ཟིན་ཐིག་མི་ཟེར་བར། ཟིན་ཏིག་ཏུ་གྲགས་པ་ནི། རྟགས་མཚུངས་འདྲེན་པ་ལྟར་སྦྱར་བ་ཡིན། སྙིང་ཐིག་ལ་སྙིང་ཏིག་ཏུ་བརྗོད་པ་སྒྲ་སྔ་མ་ལྷི་བའི་ཕྱིར་ཡིན། ཁ་བྲག་ནི་ནོར་ལུག་ལྟ་བུའི་རྨིག་པ་གཉིས་མཆེས་ཀྱི་མིང་སྟེ། བར་མཚམས་ལ་དབྲག་ཟེར་ཞིང་། ག་དབྲག །སྨིན་དབྲག་གིས་གསལ། དེས་ན་རྨིག་ཁ་དབྲག་པའི་ཚིག་བར་བསྡུས་ན། ཁ་དབྲག་ཡིན་ཡང་། རྟགས་མཚུངས་འདྲེན་ཕྱིར། མིང་མཐའི་སྔོན་འཇུག་ད་ཡིག་དོར་བ་དང་། བྱེ་བྲག་ཅེས་པ་རིགས་མཐུན་སྤྱིའི་ནང་གསེས་སོ་སོར་བྲལ་བའམ་བྱེ་བའི་དབྲག་གམ་བར་གྱི་ཡ་གྱལ་ཡིན་པས། བྱེ་བྲག་གི་བྲག་ཀྱང་དོན་དུ་དབྲག་ཡིན་མོད། རྟགས་མཚུངས་དྲངས་ནས་དས་འཕུལ་གོང་བཞིན་དོར་བྱུང་ངོ་། །བ་ལང་གི་ལང་ནི་གླང་ཡིན་མོད། བ་གླང་ཞེ་ན་སྒྲ་སྔ་ཕྱི་ཤེད་མི་སྙོམས་པས། བ་ལང་ཞེས་པར་གྱུར་ཏོ། །ཆོས་ཀྱི་བྱུང་བ་ལ་ཆོས་བྱུང་མི་ཟེར་བར་ཆོས་འབྱུང་དུ་གྲགས་པ་ནི། སྒྲ་སྔ་མ་མཆུ་ལས་བྱུང་བ་དང་། ཕྱི་མའི་མིང་གཞིའང་མཆུ་ལས་བྱུང་བ་ཡིན་ལ། མཆུ་ཡི་རྩོལ་བ་ལན་གཉིས་མགྱོགས་པར་བསྒྲགས་ན་བརྗོད་མི་བདེ་བས། བྱུང་ལ་འས་འཕུལ་བས་བརྗོད་པ་

བདེ་བར་གྱུར་སོང་། གསེར་མདོག་རྣམ་རྒྱལ་ལས། ངོས་གཉིས་སུ་སྒྲ་ཤིན་ཏུ་རིང་བའི་བེའུ་ཕྲུགས་ལ་བེའུ་འཕྲུག་ཏུ་བྲིས་པ་མ་དག་པ་མིན་ཏེ། ཁ་སྐད་ལྟར་རྟགས་མཚུངས་པར་སྦྱར་པ་ཡིན་ནོ། །དེ་བཞིན་བརྡ་སྙིང་དུ། གནམ་ལོ་གསར་ཚེས། ཞེས་པའི་གསར་གྱི་གས་འཕུལ་གཞུང་གང་དུའང་དོར་མེད་པ་ནི། གནམ་ཞེས་པའི་སྒྲ་དང་སྦྱིབ་མཐུན་པར་བྱས་པ་དང་ལོ་གསར་བ་ཞེས་པ་བྱ་བའི་མིང་དུ་འཇུག་པ་ཡིན་ཞིང་། ལོ་སར་དུ་བྲིས་པ་རྟགས་མཚུངས་དྲངས་པ་དང་། དངོས་པོའི་མིང་དུ་སྦྱར་པའོ། །ནམ་ཡང་ལ་ནམ་གཞར་དུ་བྲིས་པ་དང་། རྟགས་མཚུངས་འདྲེན་ཆེད་ཕལ་ཆེར་ནམ་ཞར་དུ་བྲིས་སྣང་། དུས་ནན་ཏན་བྱེད་ཆེད། ནམ་ནམ་ཞ་ཞར་བྲིས་པ་ཡང་བརྗོད་བདེ་བར་བྱས་པ་སོགས་བརྡ་སྙིང་གི་སྦྱིབ་སྦྱོར་ཟུར་མ་ཆག་པའི་གནད་ཀྱིས་ཡིན།

སྒྲ་སྟེ་ཕྱི་གཉིས་ཀ་བསྒྱུར་བ། མིང་གི་སྦྱིབ་སྦྱོར་མ་འཁྲོད་ན། ཆ་ཤས་སྟེ་ཕྱི་གང་རུང་ཞིག་བརྗེ་དགོས། དེས་ཀྱང་མ་འཁྲོད་ན། གཉིས་ཀ་བསྒྱུར་དགོས། དཔེར་ན། བཀའ་ཆེམས་ཀ་ཁོལ་མ་ལས། གཡུང་དྲུང་ལ་གཡུ་རུང་བོན་བསྟན། ཞེས་དང་། ཞོལ་རྡོ་རིང་ཕྱི་མ་ལས། ཞབས་འབྲིང་ལ་ཞམ་འབྲིང་དང་། དེ་ཕྱིས་ཀྱི་ཡིག་སྙིང་རྣམས་ལས་ཞམ་རིང་བྲིས་པ་དང་། ཕག་ཏུ་གཞལ་བ་ལ་བག་ལ་ཞ་བ་ལྟར་བྱས་པ་རྣམས་ནི། སྦྱིབ་ལེགས་པར་འཚོས་པ་ཡིན། དཔེ་དེ་བཞིན། བཟའ་འཚོ་ལ་ཟ་ཚོ། འཆང་གཟུང་ལ་ཆང་ཟུང་། ཉིས་ཟུ་ལ་ཉི་ཤུ། ནེའུ་གསིང་ལ་ནེ་སིང་། གནམ་དཔངས་ལ་ནམ་འཕང་། ཡིད་སྨུག་པ་ལ་ཡི་མུག་པ། གཡོ་སྒྱིད་ལ་ཡོ་བྱད་དུ་བྲིས་པ་སོགས་ཀྱང་བརྗོད་བདེ་ལ་ངག་སླན་པར་འགྱུར་བའི་ཤུགས་འབྱུང་ཡིན་ནོ། །

གོང་གསལ་གྱི་དཔེར་བརྗོད་རྣམས་ལས། མིང་གི་ང་རོ་མི་འཁྲོད་པ་རྣམས་འཁྲོད་པར་བཅོས་པའི་རྟགས་བསྟན་ཡོད་ཀྱང་། ཐར་ཐོར་དུ་འབྲམས་པས་ཅིག་

ཅར་དུ་རྟོགས་དཀའ། དེ་ལུགས་མདོར་བསྟན་ན། མིང་གི་སྦྱོར་བ་འཁྲིག་ཀྱང་བརྗོད་པ་མི་བདེ་ན། དབྱངས་ཀྱི་ང་རོ་མཐོ་དམན་དྲང་འཁྱོགས་གང་འཚམ་དུ་མ་བྱུང་བ་ཡིན། དེ་ཡང་། ཨའི་དབྱངས་དང་ལྡན་པ་རྣམས་དྲང་བ་དང་། གུག་གུ་ཅན་རྣམས་བཀུག་པ་དང་། ཞབས་ཀྱུ་ཅན་རྣམས་སྨད་པ་དང་། འགྲེང་བ་ཅན་རྣམས་སྒྲེང་བ་དང་། ན་རོ་ཅན་རྣམས་བསྟོད་པའོ། །མིང་གི་ཚ་ཤས་གཉིས་ཀྱི་ང་རོ་གཅིག་པ་དང་། བསྟོད་པ་ནས་དྲང་བའམ་སྨད་པར་གྱུར་བ་རྣམས་བརྗོད་བདེ་ལ། སྨད་པ་ནས་བཀུག་པའམ་སྒྲེང་བའམ་བསྟོད་པར་གྱུར་བ་རྣམས་བརྗོད་པ་མི་བདེའོ། །དེ་རིགས་བསྒྱུར་ཐབས་ནི། བཙུ་ལུ་ལ་བཙོ་ལུ། ཨུ་རྒྱན་ལ་ཨོ་རྒྱན། རྩ་ཤིང་ལ་རྩི་ཤིང་། རབ་ཤེས་ལ་ཤེས་རབ། ཤ་འཛིན་ལ་ཤ་ཟུང་། བཞི་འཛིན་ལ་བཞི་གཟུང་། ལྟ་བུ་སོགས་སུ་བསྒྱུར་ནས། དབྱངས་ཀྱི་ང་རོ་བདེ་ལྷག་ཏུ་གྱུར་ཏོ། །དེ་ཡང་གཙོ་བོ་མིང་གི་ཚ་ཤས་ཕྱི་མ་མཐའ་རྟེན་མེད་པ་ཅན་རྣམས་སོ། །

དེང་གི་ཆར། སྐྱེ་བོ་ཕལ་མོ་ཆེས་སྡེབ་སྦྱོར་གྱི་བདག་ཉིད་མ་རྟོགས་པར། མཐོན་པོ་ལ་མཐོ་པོ། དར་རྒྱས་ལ་དར་སྤེལ། ཡོན་ཏན་ལ་ཤེས་ཡོན། བ་ནུ་ལ་རྡོ་ནུ་གཟུགས། རྡོ་རྒྱུས་ལ་རྡོ་བལ། དབུར་ཤོག་ལ་ཀོ་སག །རང་རྒྱ་ལ་རང་བཙན། འཁྲིག་ལམ་ལ་སྦྲིག་ལམ། བརྙན་ལྷིབས་ལ་གཟུགས་མཐོང་གློག་འོད་ཡོ་བྱད། དཔྱད་བཟོད་པ་ལ་ཚོད་བགམ་པར་ཐེག་ཐོབ་པ། ལྟ་བུ་ལ་སོགས་པའི་རྟོག་བཟོའི་སྐྱོན་གྱིས། བོད་སྐད་ཀྱི་ཁྱད་ཆོས་ཉམས་པ། སྡེབ་སྦྱོར་ཞིག་པ། བརྗིད་ཉམས་ཤོར་བ། དོན་དུ་མི་འགྱོར་བ་སོགས་སྦྱོར་བ་ངན་པ་འདི། བོད་ཀྱི་བརྡ་སྤྲོད་རིག་པའི་སྲོག་ལེན་ཡིན་པས། ནད་ཡམས་བྱུང་མ་ཐག་སྨྲ་རིག་པའི་སྨན་གྱིས་ཕྲལ་དུ་སོས་ན་དགོས། །

གོང་དུ་དཔེ་དྲངས་པའི་སྡེབ་སྦྱོར་གྱིས་མཆོག་བྱིན་པའི་མིང་རྣམས་སྨྲ་སྟོར་ལྷངས་ཆེ། སྐད་གདངས་དྲག་ཞན་བར་མ་གང་ལ་གང་འཚམ་ཕན་ཚུན་སྟོངས་

གྲོགས་ཉན་པ་དང་། དབྱངས་ཀྱི་ང་རོ་མཐོ་དམན་དྲང་འཁྱོག་གང་ལ་གང་འཚམ་ཕན་ཚུན་མཛའ་བཤེས་ཆགས་པ། བརྗོད་བདེ་ཞིང་ངག་སླན་པ། སྒྲ་དབྱངས་ལྷ་མོའི་མགྲིན་པའི་ཁབ་ཏུ་རྗོད་བྱེད་གྲོགས་སུ་ངག་གི་དཔལ་ནི་བསྐྱེད་པ་འདྲའོ། །འདི་ནི་མིང་གི་སྦྱུབ་བྱེད་སློབ་སྦྱོར་རིག་པས་གྲུབ་པ་ཡིན་ནོ། །དེས་ན་མིང་གི་སྦྱོར་པ་རབ་ཡིན་ན། མིང་མཐའ་རྟགས་མཚུངས་འདྲོངས་པ་ཞིག་དགོས། འབྲིང་ཡིན་ན་སྒྲ་ཤེད་ཕལ་ལམ་མཉམ་པ་ཞིག་དགོས། ཐ་མ་ཡིན་ན། བྱེད་རྩོལ་མི་ཐོགས་པ་ཞིག་དགོས། དེ་ལས་ཐལ་ན། སློབ་སྦྱོར་ཉམས་པའི་སྐྱོན་དུ་འགྱུར་རོ། །

དོན་ཚན་གསུམ་པ། མིང་གི་ཚོགས་པའི་སློབ་སྦྱོར།

མིང་གཉིས་སམ་དུ་མའི་འདུན་མ་ལ་མིང་གི་ཚོགས་པ་ཟེར། དོར་ལུག་ཅེ་ན། མིང་གི་ངོ་བོ་མི་འདྲ་བ་གཉིས་འདུས་པ་དང་། གསེར་དངུལ་ཟངས་ལྕགས་ཤེ་ན། མིང་གི་ངོ་བོ་སོ་སོ་བ་བཞི་འདུས་ཡོད་པ་ལྟ་བུ་སོགས་སོ། །

མིང་གི་ཚོགས་པའི་སློབ་སྦྱོར་མིང་གི་སློབ་སྦྱོར་དང་ཕར་ཆེར་འདྲ་ཡང་། ལུགས་འབྱུང་དང་ལུགས་ལྡོག་གི་ཁྱད་པར་ཡོད། ལུགས་འབྱུང་གི་སློབ་སྦྱོར་ནི། མིང་གི་ཚོགས་པའི་ཡ་གྱལ་སློབ་སྦྱོར་ལྟར་གོ་རིམ་བཞིན་དུ་སྤེལ་བ་ཞིག་སྟེ། དཔེར་བརྗོད་ན། རྐང་ལག །བརྟན་གཡོ། བསིལ་དྲོད། སྲིད་འཁོར་རིག་གསུམ། མདོ་དབུས་ཁམས་གསུམ། འཛིན་སྐྱོང་སྤེལ་གསུམ། སྡུག་གཟིག་དོམ་དྲེད། དབྱར་སྟོན་དགུན་དཔྱིད། ཤར་ལྷོ་ནུབ་བྱང་། བཟོ་ཞིང་ཚོང་སློབ་དམག་ལྟ་བུ་སོགས་སོ། །

ལུགས་ལྡོག་གི་སློབ་སྦྱོར་ནི། མིང་གི་ཚོགས་པའི་ཡ་གྱལ་གོ་རིམ་ལོག་པར་བསྟན་ནས། སློབ་སྦྱོར་དང་མཐུན་པར་བྱས་པ་ཞིག་ཡིན། དཔེར་བརྗོད་ན།

དཔོན་ཞང་ཞེས་པའི་ཞང་པོ་མི་རབས་ཆེ་བོ་དང་། དཔོན་པོ་མི་རབས་ཆུང་བོ་ཡིན་པས། ཞང་དཔོན་ཞེ་ན་འགྲིག་མོད། སྒྲ་ཐོགས་རྟགས་བྱུང་བའི་རྐྱེན་གྱིས། དཔོན་ཞང་ཞེས་གོ་རིམ་ལོག་པར་སྦྱར་ནས། བརྗོད་པ་བདེ་བར་བྱས་སོ། །

རྟགས་དཔེ་ཕྱོགས་གསུམ་ཞེས་པ། གཏན་ཚིགས་རིག་པའི་སྦྱོར་བ་འགོད་ཚུལ་གསུམ་སྟེ། དང་པོ། ཕྱོགས་ནི། རང་གིས་བསྒྲུབ་པར་འདོད་པའི་ཕྱོགས་ཡིན། གཉིས་པ། དཔེ་ནི། མངོན་སུམ་དུ་མཐོང་བའི་ཆོས་དཔེར་འཛུག་པ་དང་། གསུམ་པ། རྟགས་ནི། རྒྱུ་མཚན་ཡང་དག་བཀོད་ནས་ཕ་རོལ་པོར་ཁས་ལེན་དུ་འཇུག་པ་ཡིན། འོ་ན་གོ་རིམ་ལྟར་ཕྱོགས་དཔེ་རྟགས་གསུམ་དུ་མི་བརྗོད་པར། ཕྱིན་ཅི་ལོག་ནས་རྟགས་དཔེ་ཕྱོགས་གསུམ་དུ་བཤད་པ། བརྗོད་པ་བདེ་བར་བྱས་པ་ཡིན་ནོ། །

དོན་ཚན་བཞི་བ། ཚིག་ཕྲད་ཀྱི་སྦྱིབ་སྦྱོར།

ཕྲད་དེ་རྣམ་དབྱེ་དང་ཚིག་ཕྲད་ནི། དོན་གྱི་ངོ་བོ་ཙམ་བརྗོད་པའི་ནུས་པ་མེད་ཀྱང་། ཚིག་སྒྲུབ་བྱེད་ཀྱི་རྐྱེན་ཡིན་པས། ཚིག་སྦྱོར་དུ་ཤུགས་ཆེ། བརྗོད་བྱ་སྣ་ཚོགས་ཀྱི་ཁྱད་པར་གསལ་བར་སྟོན་ཐུབ་བོ། །ཕྲད་ལ་རང་དབང་ཅན་དང་གཞན་དབང་ཅན་སྐོར་གཉིས་ཡོད་དེ། ཕྲད་རང་དབང་ཅན་ནི་འཇུག་པར་བྱ་བའི་ཡུལ་གྱི་རྗེས་འཇུག་དང་ཡང་འཇུག་ལ་བལྟོས་མི་དགོས་པས། སྒྲ་སོ་སོ་རེ་དོན་ཚན་སྐོར་ཞིག་ལ་རང་དབང་དུ་སྦྱར་ཆོག །ཕྲད་གཞན་དབང་ཅན་ནི་རྗེས་འཇུག་ཡང་འཇུག་ལ་ལྟོས་དགོས་པས། སྒྲའི་རྣམ་གྲངས་ཙུང་མཐའ་གསུམ་དང་། མང་མཐའ་བཅུ་གཅིག་ཙམ་ཡོད་དོ། །དེ་ཡང་སྦྱིབ་སྦྱོར་གྱི་དབང་གིས་གྲུབ་པ་ཡིན་གྱི། བརྡ་སྤྲོད་ལུགས་ལུང་དུ་སྟོན་པའི་ཐོན་མི་སམ་བྷོ་ཊ་དང་། དེའི་རྗེས་འཇུག་སྒྲ་རིག་སྨྲ་བ་གང་ཞིག་གི་བློ་བཟོ་མིན་ཏེ། འབྲེལ་སྒྲའི་འཇུག་པ་དཔེར་མཚོན་

ན། ད་བ་ས་ཀྱི་ག་ང་གི། །ན་མ་ར་ལའི་རྗེས་སུ་གྱི། །འ་དང་མཐའ་མེད་འི་འམ་ཡི། །ཞེས་པ་ལས། རྗེས་འཇུག་ཐ་ཡིག་ད་བ་ས་གསུམ་ལ་ཀྱི་དང་། མཐ་ཡིག་ང་ལ་གི་དང་། མ་ལ་གྱི་དང་། འ་ལ་འི་དང་། ཁང་བ་སྐོང་ཚེ་ཡི་སྦྱར་བ་ནི། རྟགས་མཚུངས་དྲངས་པ་ཡིན་ཞིང་། ཐ་ཡིག་ག་ལ་གི་དང་། མ་ནིང་ན་ར་ལ་གསུམ་ལ་གྱི་སྦྱར་བ་ནི། སྒྲ་མཚུངས་དྲངས་པ་ཡིན་ནོ། །འོ་ན་རྗེས་འཇུག་ད་བ་ས་གསུམ་ལ་ཀི་ཞེས་མི་འཇུག་པར། ཀྱི་ཞེས་འཇུག་དོན་གང་ཞེ་ན། ད་བ་ས་གསུམ་གྱི་སྒྲ་ཡི་སྐྱེ་གནས་རིམ་བཞིན་སོ་དང་། མཆུ་དང་། སོ་རྩ་ཡིན་པར། མགྲིན་པ་ལས་བྱུང་བའི་ཀི་སྒྲ་སྦྱར་ན། སྐྱེ་གནས་ཀྱི་བར་ཐག་རིང་བས་བརྗོད་མི་བདེ་ཞིང་བཞུན་ཆ་ཉམས་པའི་ཕྱིར་དང་། མགྲིན་པ་དང་ལྕེ་རྩ་མ་ཟད་ལྕེའི་ཁེད་པ་ཡན་ཆད་ལས་བྱུང་བའི་ཀྱི་སྒྲ་སྦྱར་ན། སློབ་མཐུན་ཞིང་སྙན་ཆ་འཛོམས་པའི་ཕྱིར་རོ། །དེ་བཞིན་གཞན་རྣམས་ཀྱང་རིག་པར་བྱ།

རིག་གནས་གསར་བརྗེའི་སྐབས་སུ། སྒྲ་རིག་པས་མགོ་བོ་སྟོང་བ་སྐོར་ཞིག་གིས། རྣམ་དབྱེ་ཚིག་ཕྲད་སོགས་ཇི་འདོད་གང་འདོད་དུ་དོར་བ་དང་ཕྲི་བ་ནི། ཅན་དན་སོལ་བར་བསྲེགས་པའི་དཔེར་སོང་ངོ་། །སུམ་རྟགས་ཀྱི་རྩ་བ་ལས་ཕྲད་གཞན་དབང་ཅན་སྐོར་ཞིག་གི་སྒྲའི་རྣམ་གྲངས་མི་ཚང་བ། དཔེར་ན། ལ་དོན་གྱི་ཏུ་དང་། འབྲེལ་སྒྲའི་ཡི་དང་། རྫོགས་ཚིག་གི་ཧོ་དང་། འབྱེད་སྡུད་ཀྱི་ཏམ་སོགས་དངོས་སུ་བསྟན་མེད་པའི་རྐྱེན་གྱིས། ཐུན་མོང་ནས་ཐོན་པའི་བོད་ཡིག་གི་ཤོག་དྲིལ་རྣམས་སུ། ཕྲད་ཀྱི་རྣམ་གྲངས་དེ་རིགས་མཐོང་བ་ཧ་ཅང་དཀོན་མོད་ཀྱང་། བཙན་པོ་ཁྲི་ལྡེ་སྲོང་བཙན་རྗེས་ཀྱི་ཡིག་ཆིང་རྣམས་སུ་སྒྲ་དེ་རིགས་ཀྱི་འཇུག་པ་རིམ་གྱིས་ཁྱབ་པར་མཐོང་། བློ་མཐུན་བསོད་ནམས་སྐྱིད་ཀྱིས་བསྒྲིགས་པའི་བོད་ཀྱི་རྗེ་རིང་གི་ཡི་གེ་དང་དྲིལ་བུའི་ཁ་བྱང་ཞེས་བྱ་བ་ལས། རྗེ་རིང་འཕྲང་ཆེན་སྤྱ་ཕྱི་གཉིས་ཀྱི་བཤུས་དཔེ་ལ་བལྟས་ན། དེ་ལུགས་གསལ་ཏེ།

བཙན་པོ་ཁྲི་སྲོང་ལྡེ་བཙན་བཞུགས་པའི་སྤྱི་ལོ་བདུན་བརྒྱ་རེ་བཞི་བར་ཚུགས་པའི་ཞོལ་རྡོ་རིང་ཕྱི་མའི་ཡི་གེ་ལས། དུ་སྒྲ་བརྒྱད་བྱུང་བའི་ནང་གི་གཉིས་ནི་ཏུ་སྒྲའི་དོད་ཡིན། ཏུ་ཞེས་པ་གཅིག་ཀྱང་མེད་དོ། །བཙན་པོ་ཁྲི་གཙུག་ལྡེ་བཙན་བཞུགས་པའི་སྤྱི་ལོ་བརྒྱད་བརྒྱ་ཉེར་གསུམ་པར་ཚུགས་པའི་དབོན་ཞང་དགུ་སྟུང་རྡོ་རིང་གི་ཡི་གེ་ལས། དུ་སྒྲ་བཅུ་གཅིག་བྱུང་བའི་ནང་གི་གཉིས་ནི་ཏུ་སྒྲའི་དོད་ཡིན། ཐོབ་ཐང་ལྟར་བྱུང་བའི་ཏུ་སྒྲ་གསུམ་སྣང་། བོད་ཡིག་བཀས་བཅད་གཉིས་པ་ཕལ་ཆེར་སྤྱི་ལོ་བརྒྱད་བརྒྱ་དང་བཅུ་བཞི་བར་མཛད་པ་ཡིན། དེས་ན་རྡོ་རིང་སྔ་མ་དེ་ཚུགས་དུས་སུམ་ཅུ་པའི་རྩ་བ་ལྟར་ཏུ་སྒྲ་མེད་པ་དང་། དེ་ནས་ལོ་ངོ་ལྔ་བཅུ་ང་དགུ་འཁོར་རྗེས་ཀྱི་རྡོ་རིང་ཕྱི་མ་དེ་ཚུགས་དུས། རྗེས་འཇུག་ག་བ་དང་ཡང་འཇུག་ད་གསུམ་ལ། ཐ་ཡིས་ཐ་ཡི་མིང་མཐའ་འདྲེན་པའི་སྤེབ་སྦྱོར་ཇི་བཞིན་ཏུ་སྒྲ་འཇུག་པ་དངོས་སུ་གཏན་ལ་ཕབ་ཡོད་པར་མངོན་ནོ། །

དེ་བཞིན་ད་དྲག་མཐར་རྫོགས་ཚིག་ཏོ་དང་། འབྱེད་སྡུད་ཀྱི་ད་དྲག་ལ་ཏམ་དང་། འབྲེལ་བ་ལ་ཚིག་ཁ་སྐོང་ཆེད་རྗེས་འཇུག་འ་དང་མཐའ་མེད་དག་ལ་ཡི་སྒྲ་འཇུག་པའི་དཔེ་བྱུང་བ་སོགས་ནི། བརྡ་སྤྲོད་སྔ་བ་རྣམས་ཀྱིས་བོད་ཐུན་མོང་གི་ཁ་ལ་གྲགས་པའི་ཚིག་གི་སྤེབ་སྦྱོར་ཇི་བཞིན་ལག་ལེན་དུ་བསྟར་བ་ཡིན་ཏེ། བསྒྱུརད་དོ་ཞེ་ན། ཡང་འཇུག་ད་བྱེད་རྩོལ་དམ་པ་དང་། དེ་ལ་རྫོགས་ཚིག་དོ་སྦྱར་ན་བྱེད་རྩོལ་ལྡོད་པའི་སྐྱོན་གྱིས། སྤེབ་སྦྱོར་དུ་ཐ་ཡིག་ཏོ་རང་ཤུགས་སུ་ཡོང་བས་ཏོ་སྦྱར་པར་གྱུར་ཏོ། །ཡི་སྒྲའི་བྱུང་ཚུལ་ཡང་དཔེར་ན། ཁ་བཤད་རྒྱ་ཡི་ལྷུ་བ་ཡིན། ལག་ལེན་གསེར་གྱི་ཐིགས་པ་ཡིན། ཞེས་པ་ལས། འབྲེལ་གཞི་རྒྱ་ལ་འབྲེལ་སྒྲ་འི་ཚིག་གིས་བར་ཕྱེས་ནས་ཡོད་ཀྱང་། འི་སྒྲའི་ཟེར་ཡང་བས། རྒྱ་དང་འི་གཉིས་ཀྱི་སྒྲ་གཅིག་ཏུ་འདྲེས་འགྲོ་བའི་རྐྱེན་གྱིས། རྐང་བ་གཉིས་དོ་མཉམ་པར། ཁ་སྐོང་དུ་ཡི་སྒྲ་སྦྱར་བའི་དཔེ་བྱུང་ངོ་། །ཡང་། མི་མཐུན་པའི་ཚིག་རྒྱན་དུ། ཡིན་

ཡང་། ཞེས་སྦྱར་ན་ན་སྒྲ་ལྟེ་རྩེ་དང་། ཡང་སྒྲ་ལྟེ་རྩ་ལས་བྱུང་བ། གཉིས་ཀའི་སྐྱེ་གནས་བར་ཐག་རིང་བས་བརྗོད་མི་བདེ་ཞིང་། ཀྱང་སྒྲ་སྦྱར་ན་སྐྱེ་གནས་ཉེ་བར་གྱུར་ནའང་། མ་ཉིང་གིས་མིང་མཐའ་ཕོ་ཡིག་དྲངས་ན་སློབ་མི་དག་པའི་རྐྱེན་གྱིས། ཁ་སྐད་དུ་ཡིན་ཙང་ཞེས་པ་ལྟར། རྩོམ་དུའང་འཇུག་པར་གྱུར་ཏོ། །ཅེས་ཅེའོ་ཅེ་ན་ཅིག་སོགས་རིམ་གྱིས་ཚིག་སྦྱོར་དུ་འཇུག་པར་གྱུར་ཀྱང་། དེ་རྣམས་ལ་ད་ཐུག་བར་དུ་མིང་མ་ཐོགས་པ་ཡང་། སུམ་རྟགས་ཀྱི་རྩ་བ་ལས་མ་བྱུང་བའི་ཕྱིར་རོ། །

དེང་སང་ཁ་ཅིག་གིས་བརྡ་སྤྲོད་ཕྱི་མོ་གཞུང་སུམ་རྟགས་ནི། ཐོན་མི་སམ་བྷོ་ཊས་བརྩམས་པ་མ་ཡིན་པར་ཁ་ཚོན་བཅད་པ་བརྟག་མི་བཟོད་དེ། སུམ་རྟགས་ཀྱི་རྩ་བར་བལྟས་ན། ཡིག་རྙིང་གཞན་ལས་གོ་སླ་ཞིང་། ཕྱིས་ཀྱི་ཚིག་སྦྱོར་དང་མཐུན་པར་སྣང་བ། བཀས་བཅད་གསུམ་པའི་སྔ་ཟད་ཀྱི་གྲོས་ཤིག་ལ། གོ་བདེ་བའི་ཆེད་དུ་ཚིག་ཁ་ཅུང་ཟད་བཅོས་ཡོད་ཤས་ཆེ་ཡང་། གཞུང་དོན་སྔ་སོར་བཞག་ཡོད་དེ། བཀས་བཅད་གསུམ་པའི་ཡན་གྱི་ཡིག་རྙིང་དུ་སུམ་རྟགས་ཀྱི་རྩ་བ་ལྟར་ཏུ་སྒྲ་སོགས་མེད་པས་གསལ། ལི་ཤིའི་གུར་ཁང་ཞེས་བྱ་བ་ལས་ཇི་སྐད་དུ། བཀས་བཅད་དང་པོ་གཉིས་ནི། མངའ་བདག་ཁྲི་རལ་པ་ཅན་གྱི་ཡན་ཆད་དུ་མཛད་པ་ཡིན་ནོ། །བཀས་བཅད་གསུམ་པ་ནི། ལོ་ཆེན་རིན་ཆེན་བཟང་པོ་ནས་དཔང་ལོ་ཙཱ་བ་ཆེན་པོ་དང་། སློགས་དུས་ཀྱི་སྐད་གཉིས་སྨྲ་བ་གཅིག་པུ་བ་ལོ་ཆེན་ཧྲྀཨྱ་པཎ་ལ་ཧྲ་དྲའི་བར་དུ་བྱོན་པ་རྣམས་ཡིན་པར་གསུངས་པ་ལས་རྟོགས་པར་འགྱུར་རོ། །བརྡ་གསར་རྙིང་གི་དབྱེ་མཚམས་ནི། བཀས་བཅད་གཉིས་པ་ཡན་ན་བརྡ་རྙིང་དང་། གསུམ་པ་མན་ན་བརྡ་གསར་དུ་བརྩིས་པ་ཡང་གནད་འདི་ལ་ཐུག་ཡོད་དོ། །

རི་བོང་ཅལ་གྱིས་འཇོགས་པའི་རྫེས་འབྲངས་ན། །
ཆོས་ཀྱི་དེ་ཉིད་ནམ་ཡང་མི་མཐོང་ཞིང་། །

རྩ་བ་བཟུང་ནས་རྩེ་མོར་མ་འཕོར་ན། །
རིགས་ལམ་དེད་ནས་གནས་ལུགས་རྟོག་པར་འགྱུར། །

དོན་ཚན་ལྔ་བ། ཚིགས་བཅད་ཀྱི་ཞེབ་སྦྱོར།

གསལ་བྱེད་མིང་གཞིར་ཞུགས་པ་ལ། །
ཕོ་མོ་མ་ནིང་གསུམ་དུ་དབྱེ། །
ཀ་ཅ་ཏ་པ་ཙ་ལྔ་ཕོ། །
ཁ་ཆ་ཐ་ཕ་ཚ་མ་ནིང་། །
ལྷག་མ་ཉི་ཤུ་མོ་ཡིན་ནོ། །
ཕོ་སྒྲ་དྲག་ཅིང་མོ་སྒྲ་ཞན། །
མ་ནིང་རན་པར་འཇུག་པ་ཡིན། །
ཕོ་ཡིག་མིང་གཞི་བརྩེགས་པ་དང་། །
བས་འབྱུལ་སྒྲ་ནི་དྲག་ཅིང་རྩུབ། །
མ་ནིང་མིང་གཞིར་སྔོན་འཇུག་ཐོབ། །
སྒྲ་ནི་གཉེན་ཞིང་ཀྲོང་བར་འགྱུར། །
མོ་ཡིག་མིང་གཞི་བརྩེགས་པ་དང་། །
སྔོན་འཇུག་ག་ད་བ་ཐོབ་ལྟེ། །
མོ་ཡིག་མོས་འབྱུལ་ཡང་བ་ཡིན། །
རྩུབ་དྲག་ལྟེ་རན་ལྟེ་བར་བརྩི། །
གཉེན་ཀྲོང་ཡང་ཞན་ཡང་བར་བརྩི། །

དང་པོ། ངག་འགྲོས་མཉམ་པའི་སློབ་སྦྱོར།

ངག་འགྲོས་མཉམ་པ་ཞེས་བྱ་བ། ཚིག་སྦྱོར་དུ་འཇུག་པའི་མིང་ངམ། མིང་གི་ཚོགས་པའམ། མིང་ཕྲད་ཟུང་འབྲེལ་གྱི་བར་མཚམས་ལ་ཟེར་བ་ཡིན། ཚིགས་བཅད་དུ། ཚིག་གོང་འོག་གི་ངག་འགྲོས་རིང་ཐུང་མཉམ་པ་ཞིག་ཡིན་དགོས།

མཚོན་རྣོན་པོ་ཤ་ཚོད་ཏུས་པ་ཐུབ། །
བུ་བཟང་པོ་ཁ་བཤད་དོན་ལ་གནས། །

ཚིག་གོང་འོག་གཉིས་ཀའི་ངག་འགྲོས་དང་པོ་ཚིག་དབར་གསུམ་རེ་དང་། གཉིས་པ་དང་གསུམ་པ་ཚིག་དབར་གཉིས་རེ་དང་། བཞི་བ་ཚིག་དབར་གཅིག་རེ་སྟེ་ངག་འགྲོས་མཉམ་པའོ། །

ཁེ་དང་རྒྱལ་ཁ་གཞན་ལ་ཕྱིན། །
གྱོང་དང་བུབ་ཀ་རང་གིས་ཁུར། །
དེ་འདྲ་བྱུང་ན་ཚོས་པར་གདའ། །
དེ་མིན་སྐྱེ་བོ་སེར་གཟུགས་པ། །

རྐང་བ་བཞི་པོའི་ངག་འགྲོས་དང་པོ་དང་གཉིས་པ་ཚིག་དབར་གཉིས་རེ་དང་། གསུམ་པ་ཚིག་དབར་གསུམ་རེ་སྟེ། ངག་འགྲོས་མཉམ་པ་ལྟ་བུའོ། །

གཉིས་པ། དོ་མཉམ་པའི་སྙེབ་སྦྱོར།

དོ་མཉམ་པ་ནི། རྐང་བ་ཡས་མས་གོ་རིམ་བཞིན་དུ་མིང་གི་ངོ་བོ་རིགས་འདྲ་ཡིན་པ། ཕྲད་དང་ཕྲད་བར་མཚམས་མཉམ་པ་ཞིག་ཡིན། དཔེར་བརྗོད་ན།

ཁེངས་སྐྱུང་ཅན་གྱི་རྣ་བ་སངས། །
ང་རྒྱལ་ཅན་གྱི་ཐོས་འཛིན་འོན། །

མིང་ཅན་དང་མིང་ཅན། ཕྲད་དང་ཕྲད། དངོས་པོའི་མིང་དང་དངོས་པོའི་མིང་། བྱ་བའི་མིང་དང་བྱ་བའི་མིང་གོ་རིམ་བཞིན་བབ་པ་དོ་མཉམ་པའོ། །

ལྷ་རིག་སྣང་བའི་ཉིན་བྱེད་ས་པཎ་ཌེ། །
མདོ་སྔགས་ལེགས་བཤད་འབྱུང་གནས་ཙོང་ཁ་བ། །
ཡོངས་རྫོགས་བསྟན་པའི་མངའ་བདག་ཀློང་ཆེན་པ། །
གངས་ལྗོངས་འཛམ་པའི་དབྱངས་ཉིད་རྣམ་གསུམ་ཡིན། །
——རྫོགས་ཆེན་དཔའ་དགེ་རིན་པོ་ཆེའི་གསུང་།

རྐང་བ་སྔ་མ་གསུམ་གྱི་དང་པོ་མིང་གི་ཚོགས་པ་དང་། གཉིས་པ་དངོས་པོའི་མིང་དང་། གསུམ་པ་མཁས་པའི་གཙུག་རྒྱན་གྱི་མཚན་དོ་མཉམ་པར་སྦྱར་བ་དང་། རྐང་བ་བཞི་བས་མདོ་བསྟན་པའོ། །

གསུམ་པ། ལྷི་ཡང་སྤེལ་བའི་སྡེབ་སྦྱོར།

སྒྲ་གདངས་ལྷི་ཡང་སྤེལ་ཚུལ་འདི་ཚིགས་བཅད་ཀྱི་སྙིང་པོ་ཡིན་ཞིང་། སྒྲུའི་ངག་རྟ་རོལ་མོར་ཕབ་ནས་སྟན་པར་སྦྲོག་པ་དང་འདྲ། ═རྟགས་ལྷི་བ་དང་། —རྟགས་ཡང་བར་མཚོན། ངག་འགྲོས་གཅིག་ཏུ་སྒྲ་ལྷི་ཡང་གཉིས་ཡོད་ན། སྤྱིར་བཏང་དུ་གང་ཙུང་བརྩི་ཚོག

༡ ཀུན་ལྷི་བ།

རྗོད་པ་ཐེངས་གཅིག་གིས་ཕན་ཚུན་གཉིས་ཀ་གནོད། །
བཟོད་པ་ཐེངས་གཅིག་གིས་བདག་གཞན་གཉིས་ཀ་བདེ། །

ཚིགས་བཅད་དུ་འཇུག་པའི་ཐ་སྙད་ཐམས་ཅད་ཀྱི་སྒྲ་ལྷི་བའོ། །

༢ ཀུན་ཡང་བ།

བོང་བུ་མ་སོང་ལམ་འཕྲང་མང་། །
མཛོ་མོ་མ་འགྲིམས་རི་མགོ་མང་། །

ཚིགས་བཅད་ཀྱི་སྒྲ་ཐམས་ཅད་ཡང་བའོ། །

༣ སྤྱིར་བཏང་ཡང་བ།

བརྩོན་འགྲུས་མེད་པའི་རིག་པ་དེ། །
ཡུ་བ་མེད་པའི་གྲི་དང་འདྲ། །
རིག་པ་མེད་པའི་བརྩོན་འགྲུས་དེ། །
རྡོ་དབལ་མེད་པའི་རལ་གྲི་འདྲ། །

མིང་གི་ཚིག་བར་གཉིས་ལྕི་ཡང་ཡོད་ན། གང་ཟུང་གཅིག་ཏུ་རྩི་ཆོག ཚིགས་བཅད་གཅིག་ཏུ་ལྕི་བ་ཙམ་ཡོད་ཀྱང་སྤྱིར་བཏང་ཡང་བར་རྩི་ཆོག

༤ དབུས་ལྕི་བ།

མཛད་པ་ཀུན་ལས་གསུང་གི་མཛད་པ་མཆོག །
ཤེས་པ་ཀུན་ལས་རྟེན་འབྲེལ་ཤེས་པ་མཆོག །

ཚིགས་བཅད་ཀྱི་མཐའ་ཡང་ཞིང་དབུས་ལྕི་བའོ། །

༥ དབུས་ཡང་བ།

ཕྱུག་པོ་ལོ་གསར། །
དབུལ་པོ་རྡོམ་གསར། །

ཚིགས་བཅད་ཀྱི་ཐོག་མཐའ་ལྡི་བ་དབུས་ཡང་བའོ། །

༥ མཐའ་ལྡི་བ།

འདྲ་མཉམ་བྱུང་ན་བློ་གཅིག །
འགྲིག་མཐུན་བྱུང་ན་སྟོབས་ཆེ། །

ཚིགས་བཅད་ཀྱི་སྟོད་ཡང་ཞིང་མཐའ་ལྡི་བ།

༦ མཐའ་ཙམ་ཡང་བ།

ཞི་སྡང་ལྷ་བུའི་སྡིག་པ་མེད། །
བཟོད་པ་ལྷ་བུའི་དཀའ་ཐུབ་མེད། །

ཚིགས་བཅད་ཀྱི་མཐའ་ཙམ་ཡང་བ་ལས་ཀུན་ལྡི་བ། །

༧ ལྡི་ཡང་སྤེལ་བ།

སྟོམ་པས་རང་སེམས་བསྲུངས་པ་མཁར་ལས་བཙན། །
ཆགས་པས་རང་དོན་བརྣགས་པ་དུག་ལས་ཐུ། །

ཚིགས་བཅད་ཀྱི་ལྡི་ཡང་ལྡི་ཡང་མཐུན་པར་སྦྱར་པའོ། །

༨ ལྕི་ཡང་ཆ་མཉམ་པ།

རྟ་རྒྱུག་ཞོར་མེ་ཏོག་འཐུ་ཞོར། །
ཚིག་ཟློ་ཞོར་མི་རྒྱུས་ལེན་ཞོར། །

ཚིགས་བཅད་ཀྱི་ལྕི་ཡང་སྤེལ་ཚུལ་མཉམ་པའོ། །

༩ ཐོག་ལྕི་འོག་ཡང་།

ཁེ་དང་རྒྱལ་ཁ་གཞན་ལ་སྦྱིན། །
གྱོང་དང་ཕམ་ཁ་རང་གིས་འཁུར། །

ཚིག་ཐོག་མ་ལྕི་བ། ཚིག་འོག་མ་ཡང་བའོ། །

༡༠ ཐོག་ཡང་འོག་ལྕི།

མི་ཡི་དེ་ཉིད་འཛོམས་པ་གང་། །
བདག་གཞན་ཕན་པར་བརྩོན་པ་པོ། །

ཚིག་ཐོག་མ་ཀུན་ཡང་བ། ཚིག་འོག་མ་ཀུན་ལྕི་བའོ། །

༡༡ ལྡི་བ་ཤས་ཆེ་བ།

ཤེས་བྱ་ཀུན་ལ་རྨོངས་པའི་དྲ་བ་བཅད། །
སེམས་ཅན་ཀུན་ལ་སྙོམས་པའི་ཐུགས་དང་ལྡན། །
གནས་སྐབས་ཀུན་ཏུ་ཕན་དང་བདེ་སྟེར་བ། །
འཇིག་རྟེན་ཀུན་གྱི་སྐྱབས་ལ་ཕྱག་འཚལ་ལོ། །

ཚོགས་བཅད་གཅིག་ཏུ་ཕལ་ཆེར་སྒྲ་ལྡི་བ་ཡིན། །

༡༢ ཡང་བ་ཤས་ཆེ་བ།

བྲིས་པའི་ཡི་གེ་ནག་ཆུང་། །
ཆུ་དང་འདྲིས་ནས་འཇིག་སོང་། །
མ་བྲིས་སེམས་ཀྱི་རི་མོ། །
བསུབས་ཀྱང་ཟུབ་ས་མི་འགྲོ། །

——ཚངས་དབྱངས་རྒྱ་མཚོའི་མགུར་ལས།

ཚོགས་བཅད་གཅིག་ཏུ་སྦྱོར་བཏང་དུ་སྒྲ་ཡང་བ་ཡིན་ནོ། །

༡༣ ཡ་ལོག་ཆ་ལོག

ཤེས་རབ་རལ་གྲི་རྣོ། །
བརྩོན་འགྲུས་ལག་པས་བཅངས། །
དཔའ་བོ་ཕྱོན་ས་ནས། །
མ་རིག་དགྲ་ཀུན་ཕྱེར། །

ཀང་བ་ཡ་གཉིས་ཀློ་ཡང་ལོག་པར་སྦྱར་བ་དང་། ཀང་བ་ཆ་གཉིས་ཀློ་ཡང་ལོག་པར་སྦྱར་པའོ། །

༡༤ ཀློ་ཡང་སྤེལ་ཚུལ་གཅིག་པ།

སེང་ལྡུམ་འབྲུག་མོ་མཐོང་ཙ་ན། །
མེ་ཏོག་མཛེས་མདངས་ཉམས་པར་འགྱུར། །
ན་གཞོན་མང་པོའི་ཡིད་དབང་འཕྲོག །
མདའ་ལྷ་བ་ནི་འདོད་པས་སྨྱོས། །

སྐེ་རྒྱན་ཀང་རྒྱན་ཀློ་བ་ལས། །ལུས་ཀུན་དར་གོས་ཡང་བས་ཐོམ། །

༧༥ ལྷི་ཡང་ལོག་པ།

བདག་འཛིན་མེད་ན་གནམ་ས་ཡངས། །
མཁྱེན་བརྩེས་ཁྱབ་ན་འཇིག་རྟེན་བདེ། །

ཚིག་སྔ་ཕྱིའི་ལྷི་ཡང་ལོག་པར་སྦྱར་ནས། ཡིན་མིན་གསལ་བར་བྱེད་པའོ། །

༧༦ སྙི་ཡང་བ།

གཏམ་དྲང་མོ་བཤད་པའི་ཚོང་བ་དཀོན། །
བློ་དྲང་པོ་བསྟན་པའི་དཔོན་པོ་དཀོན། །

ཚིག་གོང་འོག་གི་སྙི་ཙམ་ཡང་བ་ལས་ཀུན་ལྷི་བ། རྣམ་འགྱུར་འདྲ་ཡང་ཤོག་མི་གཅིག་པ་བསྟན་བྱུང་། །

༧༧ སྙད་ཡང་བ།

སྐྱིད་རེ་སྡུག་རེ་མ་མཐོང་ན། །
ལས་ཀྱི་རྒྱུ་འབྲས་མི་ཤེས་གི། །
ལ་རེ་ཐུར་རེ་མ་འགྲིམས་ན། །
བདེ་མོ་ཐང་ལ་མི་འབབ་གི། །

ཚིག་ཀ་སོ་སོའི་ལུས་སྟོད་ཙུང་མི་འདྲ་ཁོག་སྐད་ཡང་བའོ། །

༡༨ ཆ་ཁྱད་ཡ་འདྲ།

བརྗོད་ལ་དོན་ཆ་ལྡན་པ། །
མཚར་ལ་བཞད་གད་འབྱིན་པ། །
བདེན་ལ་ངེས་ཤེས་བསྐྱེད་པ། །
མི་ཚོས་ཕུ་ཐག་ཆོད་པ། །

སྤེལ་ཚུལ་ཚིག་ཀ་ཡ་གཉིས་འདྲ་ཞིང་། ཆ་གཉིས་ཙུང་ཟད་མི་འདྲ་བས་བརྗོད་པའི་ཚིག་ཉམས་དོད་པའོ། །

༡༩ སྙིང་འོག་མཐུན་པ། བར་གཉིས་ལོག་པ།

དམ་པ་དག་ལ་བརྟེན་པ་དང་། །
མཁས་པ་དག་ལ་འདྲི་བ་དང་། །
གཞུང་བཟང་པོ་དང་བསྒོམས་པ་ནི། །
སྤུ་ལ་ཡོད་པ་རྒྱུན་དུ་བདེ། །

ཀང་བ་དང་པོ་དང་བཞི་བ་ལྷི་ཡང་དང་ཀང་བ་གཉིས་པ་ཡང་བ། གསུམ་པ་ལྷི་ཡང་ལོག་པར་སྦྱར་བས་ངག་སྙན་ཞིང་འཇེབས་པའོ། །

༢༠ ཡ་འགལ་ཚ་མཐུན།

ཡོན་ལྡན་ཀུན་ལྡན་དགོན་པ་ལྟར། །
ཡོན་ལྡན་ཅི་ཡང་མེད་པའང་དགོན། །
སྐྱོན་དང་ཡོན་ཏན་འདྲེས་པ་ལས། །
ཡོན་ཏན་གཙོ་ཆེར་མཁས་པས་བསྟེན། །

——ས་སྐྱ་ལེགས་བཤད་ལས།

རྐང་བ་ཡ་གཉིས་ཕྱི་ཡང་འགལ་ཞིང་། ཚ་གཉིས་ཕྱི་ཡང་མཐུན་པའོ། །

༢༡ སྟོད་ཕྱི་སྨད་ཡང་།

རྒྱལ་སྲུངས་ན་ཇི་བྱང་། །
མཐའ་དཔྱད་ན་ཇི་མཁས། །

ཚིག་གཉིས་ཀའི་ལུས་སྟོད་ཕྱི་ལ་ལུས་སྨད་ཡང་བའོ། །

གོང་དང་མཚུངས།
ཚང་གིས་བཟི་ན་དྭངས་མཐའ་ཡོད། །
ཆུ་ཡིས་བཟི་ན་དྭངས་མཐའ་མེད། །

༢༢ མཐའ་གཉིས་ཟློ་ཞིང་དབུས་ཡང་བ།

ཡོན་ཏན་ཅན་དང་གསེར་བཟང་པོ། །
གཡུལ་ངོར་དཔའ་དང་རྟ་བཟང་པོ། །
སྨན་པ་མཁས་དང་རྒྱན་བཟང་པོ། །
གང་དུ་ཕྱིན་པ་དེ་རུ་བྲིན། །

——ས་སྐྱ་ལེགས་བཤད་ལས།

ཚིག་ཐོག་མ་གསུམ་ནི། མཐའ་གཉིས་ཟློ་ཞིང་དབུས་ཡང་བ། སློག་པ་གོན་ནས་སྐྱིད་རགས་བཅིངས་པ་འདྲ། ཚིག་འོག་མ་དབུས་ཟློ་བ་འཇུར་རྟ་གྱོན་པ་འདྲ། སྟག་ཤར་བའི་ལུས་ལ་དཔའ་ཉམས་ཐོན།

༢༣ ཆ་ཡ་སྦྱིལ་ཚུལ་སྦྱོར་བཏང་མཚུངས་པ།

བློ་ལྡན་ནོར་གྱིས་ཕྱུག་ན་ཡང་། །
ལེ་ལོ་ཅན་ལ་མཐོན་པོ་དཀའ། །
ཉ་བ་ཐོག་མར་སྐྱེས་ན་ཡང་། །
རྭ་ཅོ་མཐོ་བ་ཀུན་གྱིས་མཐོང་། །

——ས་སྐྱ་ལེགས་བཤད།

ཚིག་ཀ་དང་པོ་དང་གསུམ་པ་དང་བཞི་བའི་ཟློ་ཡང་སྦྱིལ་ཚུལ་འདྲ་ཞིང་། ཚིག་ཀ་གཉིས་པའི་ཟློ་ཡང་སྦྱིལ་ཚུལ་གཞན་དང་ཅུང་ཟད་ལོག་པར་སྦྱར་

ནས་རོ་བྲོ་བར་བྱེད་པའོ། །

༢༩ སྙིང་འོག་མཉམ་པ།

རྒྱལ་པོའི་བཀའ་ཁྲིམས་ནོར་གྱིས་བཤིགས། །
སྒོམ་ཆེན་ཕྱག་རྒྱ་ཞིག་གིས་བཤིགས། །

ཀང་བ་གཉིས་ཀ་སྦྲ་ལྡི་བ་ལས་ཁོག་སྨད་ཡ་སྟེ་ཕྲ་ནས་ཆད་ལ་ཁེད་པའི་དཔེ་ཐོན།

༢༥ ལྡི་ཡང་སྤེལ་མ།

དེང་རབས་ཅན་བཞི་མངོན་ཕྱོགས་པ། །
མེད་མུག་ཆད་གསུམ་མིང་ཙམ་ལྷག །
ཡ་གླིང་མེད་པོ་འདྲ་མེད་པ། །
འཛམ་གླིང་རྒྱན་དུ་འགྱུར་བ་རྨད། །

ཕྱེད་སྔ་མ་དང་ཕྱེད་ཕྱི་མ་ལྡི་ཡང་སྤེལ་མར་སྦྱར་བས་བརྗོད་ཅིང་སྙན་པ་བྱུང་བ།

༢༦ ཡང་ལྡི་ཡང་ཡང་ལྡི།

བར་སྣང་གསལ་བ་ཉི་མའི་འོད་ཀྱིས་ཁྱབ། །
འཇིག་རྟེན་གསལ་བ་མཁས་པའི་རིག་པས་ཁྱབ། །

ཚིག་གོང་འོག་གི་ལྷི་ཡང་སྡེབ་ཚུལ་གཅིག་པས། བརྗོད་པ་ཤིན་ཏུ་བདེ་ཞིང་སྙན་པའོ། །

༢༧ ལྷི་ཡང་ལྷི་ཡང་།

སྐྱེ་སེམས་ཡར་ངོའི་ཟླ་ཚེས་འདྲ། །
དཀར་ཕྱོགས་ཡོན་ཏན་ཇེ་ཆེ་ཡིན། །
སྒེར་སེམས་མར་ངོ་ཟླ་ཚེས་འདྲ། །
ནག་ཕྱོགས་ཉེས་དམིགས་ཇེ་ཆེ་ཡིན། །

ཚིག་ཀ་སོ་སོའི་སྒྲ་ལྷི་ཡང་ལྷི་ཡང་ལྟར་སྦྱར་ནས་ངག་སྙན་མོར་གྲུབ་པའོ། །

༢༨ སྐྱེ་ཡང་ཁྱད་པར་ཅུང་སྣང་།

ནོར་གྱི་མཆོག་ནི་སྦྱིན་པ་དང་། །
བདེ་བའི་མཆོག་ནི་སེམས་སྐྱིད་པ། །
རྒྱན་གྱི་མཆོག་ནི་ཐོས་པ་དང་། །
གྲོགས་ཀྱི་མཆོག་ནི་མི་སླུ་བ། །

ཚིགས་བཅད་སྐྱེ་ཡི་ངག་ཧ་འདྲ་ཡང་། མགོ་ཇ་ཅུང་ཟད་ཁྱད་པར་བཏོད་ནས། ཟ་བའི་བཅུད་ལེན་དུ་བྱས་སོ། །

བཞི་བ། གནས་ངེས་པའི་སྦྱོར་སྦྱོར།

དཔག་མེད་པད་མའི་ཞིང་པོ་སྤྱངས་པའི་དབུས། །
ཁྲག་ཁྲིག་དགའ་མགུའི་སྒྲ་སྒྲོགས་འཁོར་འགྲོའི་ཁྱུ། །
དེ་དག་རྟག་ཏུ་ནན་ཏན་འདུས་ཏེ་མཐར། །
ཟང་ཟིང་རྩི་བཟུང་སོ་སོའི་ཚང་རྩེར་སོང་། །

——ཏུང་དཀར་བའི་སྙན་ངག་ལས།

ཀ་ང་བ་དང་པོའི་ཡི་གེ་རྣམས་ཀྱི་སྐྱེ་གནས་མཆུ་དང་། གཉིས་པའི་མགྲིན་པ་དང་། གསུམ་པའི་ལྕེ་དང་། བཞི་པའི་སོ་སྣེ་གནས་བཞིར་ངེས་པའོ། །འདི་རིགས་ལ་གནས་བཞི་ནས་གཅིག་ཏུ་ངེས་པ་རྣམ་པ་བཞི་ཡོད་དོ། །

ལྔ་བ། དབྱངས་ངེས་པའི་སྦྱོར་སྦྱོར།

འདོད་ཡོན་ལོངས་སྤྱོད་ཡོངས་འཛོམས་མཆོག །
གང་དང་བྲལ་ཡང་ཉམ་ང་བ། །
མེད་དེ་སྐྱེས་ཆེན་སེམས་ཤེས་ཏེ། །
ཡུལ་དུས་ཀུན་ཏུ་དུང་དུང་འབྱུངས། །

ཀ་ང་བ་དང་པོར་དབྱངས་ཨོ་དང་། གཉིས་པར་ཨ་དང་། གསུམ་པར་ཨེ་དང་། བཞི་བར་ཨུ་བཅས་ངེས་སོ། །འདི་རིགས་ལའང་དབྱངས་གསུམ་

དང་། གཉིས་དང་། གཅིག་ཏུ་ངེས་པ་ཡོད་དོ། །

དྲུག་པ། ཀ་འཕྲེང་གི་སྤེལ་སྦྱོར།

ཀ་པ་ལ་ནས་སྦུ་ཞིག་གཏོགས། །
ཁ་ཡི་ཟུར་དུ་བཙུགས་པ་འདྲ། །
ག་ནས་བལྟས་ཀྱང་འདྲི་འདྲ་བ། །
ང་ལ་གནོད་པ་མ་སྐྱེལ་ཨང་། །

——དགེ་འདུན་ཆོས་འཕེལ་གྱི་གསུང་།

དགེ་འདུན་ཆོས་འཕེལ་དང་ཐོག་ལྷ་སར་ཕེབས་ནས་དགའ་ལྡན་དགོན་དུ་ཞུགས། འཚོ་བ་དཀའ་བས། རང་གིས་བྲིས་པའི་སྙན་ངག་དང་རི་མོ་འགའ་ལྷ་སའི་བར་སྐོར་དུ་ཁྱེར་ནས་ཟ་མ་བཛེ་ཐབས་བྱེད་པར། དགེ་སྐོས་ཀྱིས་མཐོང་ནས། དགེ་སློང་གིས་ཚོང་རྒྱག་པའི་དཔེ་ཡོད་དམ། ཁྱོད་སྙན་ངག་པ་ཡིན་པས། ད་ལྟ་ཉིད་དུ་ང་ལ་བལྟས་ནས་སྙན་ངག་ཅིག་བྲིས། མ་ཐུབ་ན་ངའི་དགོན་དུ་འདུག་མི་ཆོག་གསུངས། ངས་བྲིས་པ་མ་བཟང་ན། ཁྱེད་ཀྱིས་ཐུགས་རྒྱལ་བཞེང་མི་ཉན་ཞུས་པས་ཆོག་གསུངས། དགེ་སྐོས་དེ་སྐུ་ཕྲིས། སྐད་དམར། འགྲམ་ར་མཐུག་ཅིང་ཟེང་ངེ་བ། འཇིགས་ཉམས་ལྡན་པ་ཞིག་ཡིན། ཀ་རྩོམ་དེ་འདྲ་ཞིག་བརྗོད་དོ། །

ཀ་འཕྲེང་སྣ་ཚོགས་ཡོད།

ཀ་རྩོམ།

ཀ་ལི་ཨ་ལི་ཡི་གེ་སྦྱོར་བ་ལས། །
ཁ་བ་ཅན་དུ་རིག་པའི་སྣང་བ་ཤར། །
ག་ནས་བལྟས་ཀྱང་བོད་ལ་ལོངས་སྤྱོད་ཕོངས། །
ང་ཚོས་ཐབས་བརྒྱུས་དགའ་ཚལ་ཕྱུག་མོ་བསྐྲུན། །
ཅ་ལག་དང་ཐོག་ཅོག་པོ་ལས་ལ་འཇུག །
ཆ་མེད་ཐམས་ཅད་མིང་གིས་ཆ་ཡོད་བྱས། །
ཇ་དང་རྩམ་པས་བཟའ་བཏུང་ཇེ་དགའ་བཏང་། །
ཉ་རྒྱས་ཟླ་བཞིན་ལོངས་སྤྱོད་རིམ་གྱིས་འཛོམས། །
ཏ་ལའི་ལོ་མར་ཡི་གེ་བྲིས་པ་དང་། །
ཐ་སྙད་རིག་པས་རིག་གནས་སྣ་ཚོགས་སྤེལ། །
ད་སྟ་ཀུན་མཁས་སློབ་དཔོན་ཁྲིད་རྒྱུན་ལས། །
ན་གཞོན་གང་མང་ཡོན་ཏན་ཅན་དུ་གྱུར། །
པ་སངས་ལྷུར་དཀར་རིག་གནས་འཛིན་མ་ལས། །
ཕ་སྐད་མ་བརྗེད་མི་རིགས་སྲོག་རྩ་ཡིན། །
བ་མོ་དགུན་གསོས་འོ་མ་བཞོ་བར་བྱ། །
མ་ལྷུར་གཅེས་ནས་གཞན་ཕན་ལས་ལ་གཞོལ། །
ཙ་ཀ་ར་ཡི་སྐད་ཀྱིས་སྨྱོ་ནད་སེལ། །
ཚ་བ་གསུམ་ནི་ཧྲོད་སྨན་གལ་ཆེན་ཡིན། །
ཛ་ཏི་དང་བཅས་སྨན་སྣ་བཟང་དྲུག་ཡིན། །

ཕ་ཏའི་ནུས་པས་གཉན་ནད་གག་ལྷོག་སེལ། །
རྣ་ཙོ་ཛེས་སྐྱེས་ཛ་བའི་ཡན་ན་བུད། །
ལ་ཉེ་ཡོད་ན་སྐྱི་ནང་སྟུང་བུ་ཡིན། །
ཞ་བོས་རྩལ་ཞིག་སྦྱངས་ནས་རང་ཁ་སོས། །
ཟ་མ་མོ་ཡིས་བུ་ཕྲུག་སྐྱོང་བ་མཁས། །
འ་ཅག་དེང་རབས་འགྱུར་བཞི་བསྐྲུན་པ་ལ། །
ཡ་མེད་དཔའ་བོ་ཇི་བཞིན་རྒྱལ་ཁ་ལེན། །
ཤ་ཉེ་མི་རིགས་ཡོངས་ལ་ཕན་ཐོགས་པ། །
ས་སྐྱེས་གནམ་སྙེགས་སྐྱེས་ཆེན་དམ་པ་ཡིན། །
ཏ་ཏ་དབུལ་བོ་ཐམས་ཅད་ཕྱུག་པོར་འགྱུར། །
ཨ་ལེ་འགྲོ་བའི་ལས་དབང་སྙོམས་པར་འཇུག །
མེས་རྒྱལ་སྟོབས་འབྱོར་མངའ་ཐང་བཙན་ས་ཟིན། །
འབྱུང་འགྱུར་ས་སྟེང་ཁྱིམ་ཚང་གཅིག་གི་གཉེན།། །།

བདུན་པ། བསྐོར་བའི་སྡེབ་སྦྱོར།

དོན་བསྐོར་བ། དཔེར་བརྗོད་ན།

གངས་ཅན་ལྗོངས་སུ་སྔོན་བྱོན་ལོ་ཟླ་བས། །
ཁ་བ་ཅན་གྱི་འཇིག་རྟེན་མིག་ཕྱེ་ཞིང་། །
བོད་ཡུལ་མུན་གླིང་རིག་གཞུང་སྒྲོན་མེ་སྦར། །

བསིལ་ལྡན་ལྗོངས་འདིའི་རྫོངས་པའི་མུན་པ་བསལ། །

——དུང་དཀར་བའི་སྙན་ངག་གི་གཞུང་ལས།

མིག་ཕྱེ་བ་དང་། སྒྲོན་མེ་སྦར་བ་དང་། མུན་པ་བསལ་བའི་དོན་འདྲ་བའི་མིང་མི་གཅིག་པའི་དོན་ཡུལ་གྲུ་གཅིག་ལ་བསྐོར་བའོ། །

ཚིག་བསྐོར་བ། དཔེར་བརྗོད་ན།

འོད་དཀར་ཅན་གྱི་ས་མོས་འདབ་མ་རྒྱས། །
རྒྱལ་བའི་ཐུགས་རྗེས་འགྲོ་བའི་ཕན་བདེ་རྒྱས། །
དབྱངས་ཅན་ལྷ་མོས་བདག་བློའི་ཤེས་རབ་རྒྱས། །
ལེགས་བཤད་གཏམ་གྱིས་བློ་གསལ་དགའ་བ་རྒྱས། །

——རྒྱལ་དབང་ལྔ་བའི་སྙན་གཞུང་ལས།

བླ་བ་དང་། སངས་རྒྱས་དང་། དབྱངས་ཅན་མ་དང་། ལེགས་བཤད་རྣམས་ཀྱིས་ལས་དངོས་ས་མོས་སོགས་སོ་སོར་མཛད་པའི་ཕན་ཡོན་མི་འདྲ་བ་རྣམས་རྒྱས་ཞེས་པའི་ཚིག་གཅིག་ལ་བསྐོར་ནས་བསྟན་པའོ། །

ཚིག་དོན་གཉིས་ཀ་བསྐོར་བ། དཔེར་བརྗོད་ན།

རི་མགོ་རྫ་མགོ་སྨུག་པས་བཟུང་། །
ཆུ་རྒྱུན་མི་འཆད་སྐྱིད་ཅིག་ཡོད། །

རི་སྐེད་རྫ་སྐེད་ནགས་ཀྱིས་བཟུང་། །
ཤིང་ཆ་མི་དགོན་སྐྱིད་ཅིག་ཡོད། །
རི་ཞོལ་རྫ་ཞོལ་ཞིང་གིས་བཟུང་། །
ཇ་ཆང་མི་འབྲལ་སྐྱིད་ཅིག་ཡོད། །

འཕེབས་པ། སྐྱེས་པ། བཏབ་པའི་བྱ་བ་གསུམ། བཟུང་ཞེས་པའི་ཚིག་གཅིག་ལ་བསྡོར་བ། མི་འཆད། མི་དགོན། མི་འབྲལ་ཚིག་གསུམ་སྟེ། སྐྱིད་ཅིག་ཡོད་ཅེས་པའི་དོན་གཅིག་ལ་བསྡོར་བ། ལྟ་བུའོ། །

བརྒྱད་པ། རྗེས་ཁྲིད་ཀྱི་སྦྱིན་སྦྱོར།

རིག་པ་སྐྱེད་བྱེད་དོགས་པ་ཡིན། །
དོགས་པ་གཅོད་བྱེད་དཔྱད་པ་ཡིན། །
དཔྱད་པ་གཏིང་མཐའ་ཆོད་པ་ན། །
རྨོངས་མུན་འཇོམས་པའི་ཉིན་བྱེད་འཆར། །

དོགས་པའི་རྗེས་ཁྲིད་དཔྱད་པ། དཔྱད་པའི་རྗེས་ཁྲིད་མཐའ་ཆོད་པ། མཐའ་ཆོད་པའི་རྗེས་ཁྲིད་ཤེས་རབ་ཐོབ་པའོ། །

མིང་གི་སྦྱོར་བ་མ་དག་ན། །
ཚིག་གི་སྦྱོར་བ་དག་ཚུལ་མེད། །
ཚིག་གི་སྦྱོར་བ་མ་དག་ན། །

བརྗོད་བྱ་ཇི་བཞིན་གོ་བ་དཀའ། །

དོན་གཅིག་གིས་རྗེས་སུ་ཁྲིད་འོངས་པ་ལྟ་བུ་སོགས་སོ། །

དགུ་པ། ཟུང་ལྡན་གྱི་སྡེབ་སྦྱོར།

སྙན་སྙན་ལེགས་བཤད་ཡུན་རིང་དོན་གཉེར་བས། །
ཟབ་ཟབ་བློ་གྲོས་ཡར་ངོ་ཐོན་པ་རྣམས། །
ཟབ་ཟབ་དཀའ་བའི་གནས་ཀུན་ཐོགས་མེད་དུ། །
སྙན་སྙན་ངག་གི་འདོམས་ལ་འགྲན་པ་སུ། །
——ཞྭ་དམར་བའི་སྙན་གཞུང་ལས།

ལྟ་བུ་ཐོག་མའི་ཟུང་ལྡན་དང་།

བསྡུགས་འོས་བསྡུགས་པའི་སྙན་ངག་མེ་ཏོག་ཕྲེང་། །
ཚིག་རྒྱན་ཚིག་གི་སྲད་བུ་ལ་བརྒྱུས་པ། །
དོན་བཟང་དོན་དང་ལྡན་པའི་མཛེས་བྱེད་འདི། །
དད་ལྡན་དད་པའི་ཟས་སུ་མགུལ་བར་ཐོགས། །
——ཐུའུ་བཀྭན་རིན་པོ་ཆེའི་གསུང་།

ལྟ་བུ་བར་ཆོད་པའི་ཟུང་ལྡན་དང་།

རོལ་རྩེད་གར་གྱི་ཉམས་ལྡན་རི་དྭགས་མིག །
མིག་གིས་ལྟ་བས་མི་ངོམས་ཡིད་འཕྲོག་མ། །
མ་ལྟར་བརྩེ་བ་ཁྱེད་ཀྱིས་བདག་གི་ངག།
ངག་དབང་ལྷ་མོ་ཉིད་དང་མཚུངས་པར་མཛོད། །
——ཇོ་ཅོང་ཁ་བའི་དབྱངས་ཅན་མ་ལ་བསྟོད་པ་ལས།

ལྟ་བུ་མཐའ་ཐོག་ཟུང་ལྡན་དང་།

ཆང་འཐུངས་ནས་ཡར་རེ་ཡེར་རེ། །
མགོ་ན་ནས་ཁྲལ་ལེ་ཁྲུལ་ལེ། །
གཏམ་ཚིག་གསུམ་ལྡབ་བེ་ལྡོབ་བེ། །
འགྲོས་གོམ་པ་ཁྱར་རེ་ཁྱོར་རེ། །

ལྟ་བུ་ཟུང་ལྡན་བརྩེགས་མ་སོགས་མང་ངོ་། །

བཅུ་བ། མཐའ་ཆོད་པའི་སློབ་སྦྱོར།

རྒྱན་གྱི་མཆོག་ནི་ཐོས་པ་ཡིན། །
གྲོགས་ཀྱི་མཆོག་ནི་གསོང་པོ་ཡིན། །
ནོར་གྱི་མཆོག་ནི་ཚོག་ཤེས་ཡིན། །
ཡོན་ཏན་མཆོག་ནི་ཕན་སེམས་ཡིན། །
བདེ་བའི་མཆོག་ནི་སྐྱིད་སྣང་ཡིན། །

སྐྱབས་ཀྱི་མཆོག་ནི་ཤེས་རབ་ཡིན། །

དོན་ཇི་བཞིན་ཡིན་པའི་ཚིག་གིས་མཐའ་ཆོད་པ།

གནག་རྫིས་ཕྱུགས་ངོ་བགྲང་བའི་འཆད་པ་མིན། །
དམུས་ལོང་གཟུགས་ལ་རྟོག་པའི་རྩོད་པ་མིན། །
བྱིས་པས་བྱེ་མ་སྤུངས་པའི་རྩོམ་པ་མིན། །
འབྲོག་རིའི་དགེ་སྦྱོང་དེ་ལ་ཕྱག་འཚལ་ལོ། །

——རྗེ་སྦྲིས་དགེ་བཤེས་ཀྱི་བསྟོད་པ་དྲི་བསུང་
འཕྲུལ་བའི་སྦྲིས་ཀྱི་རྫིང་བུ་ལས།

རྗེ་ཙོང་ཁ་བའི་གསུང་རབ་ནི། འཆད་རྩོད་རྩོམ་གསུམ་གྱི་དགེ་མཚན་འབར་བ་ལས་གནག་རྫིས་ཕྱུག་བགྲངས་པ་དང་དམུས་ལོང་གིས་གཟུགས་རྟོག་པ་དང་། བྱིས་པས་བྱེ་མ་སྤུངས་པ་ལྟ་བུ་གཏན་ནས་མིན་པའི་མཐའ་ཆོད་པ་དང་།

ལུས་ཀྱི་རྒྱན་ཆ་ཡོན་ཏན་ཡན་ན་མེད། །
སེམས་ཀྱི་སྡུག་བསྔལ་ངོ་ཚ་ཡན་ན་མེད། །
རང་བདེའི་སྲུང་མ་བཟོད་པ་ཡན་ན་མེད། །
གཞན་ཕན་ལས་ལ་སྦྱིན་པ་ཡན་ན་མེད། །

བརྗོད་བྱ་དེ་དག་གི་ཡན་ན་མཆོག་ཏུ་གྱུར་པ་མེད་པའི་མཐའ་ཆོད་པ།

གཏམ་བཟང་པོ་ཉན་དགོས། །
སེམས་བཟང་པོ་འཛིན་དགོས། །
ལས་བཟང་པོ་བསྒྲུབ་དགོས། །
གྲོགས་བཟང་པོ་བརྟེན་དགོས། །

བཟང་པོ་གང་ཅི་ཉམས་སུ་ལེན་པར་དགོས་པའི་མཐའ་ཚོད་པ་ལྟ་བུ་སོགས་སོ། །

བཅུ་གཅིག་པ། དཔེ་འདྲེན་པའི་སྤེལ་སྦྱོར།

བྱམས་བརྩེ་ཉི་མའི་འོད་ཟེར་འདྲ། །
རིག་བྱ་མེད་ཀྱང་ལུས་ཕུང་དྲོ། །
དགའ་སྣང་མེ་ཏོག་དྲི་བསུང་འདྲ། །
རིག་རྒྱུ་མེད་ཀྱང་སེམས་ཁམས་སྐྱིད། །

དོན་གང་ཅི་དཔེ་དྲངས་ནས་གསལ་བར་བྱེད་པ་དང་།

ཐོས་པ་མེད་པའི་ཉམས་ལེན་དེ། །
ཉག་ཕྲན་མེད་པའི་གཞུ་དང་འདྲ། །
ཉམས་ལེན་མེད་པའི་ཐོས་པ་དེ། །
གཞུ་མོ་མེད་པའི་མདའ་དང་འདྲ། །

དཔེའི་སྒོ་ནས། གཞུང་ལུགས་མི་ཤེས་པའི་ལག་ལེན་ལམ་ལ་མི་འགྲོ་བ་

དང་། ལག་ལེན་མེད་པའི་གཞུང་ལུགས་དོན་ལ་མི་འགྱུར་བའི་ཚུལ་གསལ་བར་བསྟན་པ་དང་།

བདེན་དང་ལུང་བ་ཕུ་ཐག་རིང་། །
བརྟན་དང་རི་བོང་ཇ་མ་ཐུང་། །

དཔེ་དང་དཔེ་ཅན་མཉམ་དུ་བཤིབས་ནས་དོན་གསལ་བར་མཚོན་པ་དང་།

ཉལ་བའི་བུ་ལ་བདེ་བ་མེད། །
ཉལ་བ་ཅན་གྱི་ཚོ་ག་ལྟོས། །
རྗེ་གོར་མོ་ཉལ་ནས་དྲེག་པ་ཆགས། །
ཤིང་སྡོང་བོ་ཉལ་ནས་ཕོག་ནང་རུལ། །

པ་བླ་མ་ཉལ་ནས་ཆོས་ར་ཉམས། །
གོང་དཔོན་པོ་ཉལ་ནས་སྡེ་འཁྲུག་བྱུང་། །
སྟག་ཤར་བ་ཉལ་ནས་དགྲ་མགོ་ཤོར། །
སྨན་བུ་མོ་ཉལ་ནས་གནས་གཞི་ཤོར། །

——ཧ་རྒྱུགས་ནོར་བུ་ཆ་བདུན་ལས།

དཔེའི་སྒོ་ནས་ལེ་ལོ་བག་མེད་རྣམས་ལ་སྨུག་ཇི་འདྲ་ཡོང་བའི་དྲན་པ་བསླངས་པ་ལྟ་བུ་སོགས་སོ། །

བཅུ་གཉིས་པ། རྒྱན་སྤྲས་པའི་སློབ་སྦྱོར།

བྱང་སེམས་ཀྱི་གཤོག་པ་རྐྱང་།
ཞི་སྡང་གི་སྡེར་མོ་སྐྱུམ། །

དཔེ་དོན་སྦྱར་བའི་རྒྱན་གྱིས་སྤྲས་ནས་གསོན་ཉམས་དང་ལྡན་པར་གྱུར་

རྣམ་དག་བསླབ་པ་གསུམ་གྱི་རྩ་བ་བརྟན། །
སྡེ་སྣོད་མང་དུ་མཁྱེན་པའི་ཡལ་འདབ་རྒྱས། །
འཆད་རྩོད་རྩོམ་པའི་འབྲས་བུ་གཡུར་ཟ་བ། །
བཤེས་གཉེན་དཔག་བསམ་ལྗོན་པ་རྣམས་ལ་བཀུར། །

བསླབ་པ་གསུམ་ཞིགས་པར་མཁྱེན་པ་དང་། འཆད་རྩོད་རྩོམ་པར་རབ་ཏུ་མཁས་པའི་བཤེས་གཉེན་དཔག་བསམ་ལྗོན་པའི་གཟུགས་སུ་བཀོད་ནས་མངོན་པར་བཀུར་བ་ལྟ་བུ་སོགས་སོ། །

བཅུ་གསུམ་པ། གྲངས་བསྒྲང་བའི་སློབ་སྦྱོར།

ནད་ལ་རླུང་མཁྲིས་བད་ཀན་གསུམ། །
ཆགས་སྡང་རྨོངས་པའི་རྒྱུ་ཡིས་བསྐྱེད། །

ནད་རིགས་གསུམ་སྟེ། འདོད་ཆགས་ལས་རླུང་སྐྱེ། ཞེ་སྡང་ལས་མཁྲིས་པ་སྐྱེ། གཏི་མུག་ལས་བད་ཀན་སྐྱེ་བའི་དུག་གསུམ་བསྟན་བྱུང་།

མཆོག་གསུམ་གདུགས་དཀར་བྱིན་རླབས་གྲིབ་བསིལ་སྟུམ། །
དལ་འབྱོར་གསེར་ཉ་ཆོས་སྲིད་རྣམ་དཔྱོད་འཕྱུད། །
བསོད་ནམས་བུམ་བཟང་དགོས་འདོད་ནོར་གྱིས་གང་། །
དགེ་ལེགས་པད་མ་འབུམ་ཕྲག་བཞད་གྱུར་ཅིག །
ལྷག་བསམ་དུང་དཀར་གཞན་ཕན་དབྱངས་སྒྲ་སྒྲོག །
ཚེ་སྲོག་དཔལ་བེའུ་མདུད་པ་བཤིག་ཏུ་མེད། །
ཆོས་ཀྱི་རྒྱལ་མཚན་ནམ་ཡང་མི་ནུབ་བསྒྲེངས། །
ལེགས་ཚོགས་འཁོར་ལོ་ཧྲི་སྲིད་བར་དུ་འཁོར། །
བཀྲ་ཤིས་རྟགས་བརྒྱད་རྟག་ཏུ་འཁོར་གྱུར་ཅིག །

བཀྲ་ཤིས་རྟགས་བརྒྱད་ཀྱི་དོན་གསལ་བར་བསྟན་པ་ལྟ་བུ་སོགས་སོ། །

བཅུ་བཞི་པ། ཉམས་མཚོན་པའི་སྡེབ་སྦྱོར།

ཧང་བྱིན་པའི་གྱད་ཟུང་སྟོབས་བསྐྱེད་ཀྱང་། །
ཁུར་ལུས་པོ་མི་ཐེག་ཟིང་ཟིང་འདར། །
རྟེན་འཁར་བ་གྲོགས་སུ་སྦྲན་ན་ཡང་། །
འགྲོས་ཀྱལ་ཀྱོལ་འཁྱོར་ཞིང་རེས་འགའ་འབུབ། །
——དབྱངས་ཅན་དགའ་བློའི་དབེན་པར་སྤྲོ་བའི་གཏམ་ལས།

ལྷོངས་རྒྱ་ཞིག་གནས་དབེན་པར་སོང་སོང་ནས་རྐང་བས་ལུས་མི་ཐེག་པ་ཐང་ཆད་པའི་ཉམས་གསལ་བར་བསྟན་བྱུང་།

ཁྲ་མདའ་ཐོག་རྡོད་འབབ་འབབ། །
རྒྱལ་འཚུབ་སྨུག་པ་འཁྲིག་འཁྲིག །
ཕར་རྒྱུག་ཐབ་རྡོད་འདྲིལ་འདྲིལ། །
ཚུར་རྒྱུག་སྤྱང་མོ་འདུར་འདུར། །
ཕར་བསད་ཤིང་ཆག་འགྲེམ་འགྲེམ། །
ཚུར་བསད་གྲམ་རྡོ་སྤུང་སྤུང་། །
ཁྲག་དམར་ཆུ་ལོག་བྲུག་བྲུག །

——གྲུ་གྲུ་གོ་རྫོང་ལས།

གྲུ་དམག་དང་གླིང་དམག་འཐབ་རེས་བྱེད་པའི་གཡུལ་ངོའི་འཇིགས་ཉམས་སོགས་མངོན་སུམ་དུ་མཐོང་བ་བཞིན་བསྟན་པ་ལྟ་བུ་སོགས་སོ། །

བཅོ་ལྔ་བ། བསྡུས་བརྗོད་ཀྱི་སྦྱོར་སྦྱོར།

ཤོག་ཁུད་མེ་མི་ཐུབ། །
གངས་འོག་རོ་མི་འབྱུང་། །

ཚིག་ཤུལ་དུ་ཉེས་དམིགས་གསང་ས་མི་འགྲོ་བའི་དོན་བསྡུས་ནས་བརྗོད་པ།

བྲེ་སེར་འཁྱོང་གི་འགྲོ་ལམ་ལ། །
གླང་རྒན་ཉ་བཟར་ཨ་ཙ་མ། །
དམར་ཡག་སྟག་གི་ཚང་སྒོ་ལ། །
ཕ་སྐྱེས་འདུར་རྒྱུག་ཨ་ཙ་མ། །

སྟོབས་དང་རིག་པ་སོགས་འགྲན་ཟླ་ཡེ་ནས་མི་ཆོད་པར་འགྲན་བཙལ་ན་ཉེན་ཁ་ཆེ་བའི་དོན་བསྟུས་ནས་དྲན་པ་བསྐྱངས་པ་ལྟ་བུ་རྣམས་སོ། །

བཅུ་དྲུག་པ། ཁ་མཚར་གྱི་སྟེང་སྦྱོར།

ཡིད་ལ་བྱུད་ཤིང་མེད་ན་ཡང་། །
སྡུག་བསྔལ་མེ་ཆེན་རབ་འབར་ཞིང་། །
མིག་གི་མཁའ་ལ་སྤྲིན་མེད་ཀྱང་། །
མཆི་མའི་ཆར་རྒྱུན་འབབ་པར་གྱུར། །

——ཛེ་ཙོང་ཁ་བའི་རྟག་ཅུའི་རྟོགས་བརྗོད་ལས།

སེམས་ལ་སྡུག་བསྔལ་མེ་ལྟར་འབར་ནས། མིག་ཆུ་ཤ་ར་ར་འབབ་པའི་ཚུལ་རྒྱན་དང་འབྲེལ་ནས་ངོ་བྲོ་བར་མཚར།

མཚོ་ཆུ་སྡུག་མེད་ཀྱང་རླུང་གིས་ངོ་གཉེར། །
སྤང་རི་རྒས་མེད་ཀྱང་ཁ་བས་མགོ་དཀར། །

མཚོ་ཆུ་སྟུག་མེད་ལ་ངོ་གཉེར་དོན། སྤྱང་རི་རྒས་མེད་ལ་མགོ་དཀར་དོན་ རླུང་དང་ཁ་བས་བསྐུབས་པར་བརྗོད་པ་མཚར།

ཉི་མས་གངས་ཞུས་ཁྲམས་ཁ་སྤྲིན་མེད་ལ་ཆར་བ་བབས། །
རླུང་གིས་རྫུལ་གཙུབས་ས་ནས་མེ་མེད་ལ་དུ་བ་བྱུང་། །

ཚིག་ཟ་མའི་དོན་ཚིག་མགོ་མར་རག་ལས་པའི་བཤད་ཚུལ་ཏ་ཅང་དགོད་བྲོ་ བ་ཞིག་རེད།

འཇིག་རྟེན་མཚར་བ་རྣམ་གསུམ་ཡོད། །
རལ་བ་ཅན་གྱིས་ཏ་རྒྱུག་མཚར། །
གནམ་ལ་ལག་གཡུག་བྱེད་པ་འདྲ། །
ཁ་སྤུ་ཅན་གྱིས་ཞོ་འཐུང་མཚར། །
གཞན་ལ་ཟས་ངོམ་བྱེད་པ་འདྲ། །
རྒས་པས་རྩམ་པ་འགེམ་པ་མཚར། །
མི་ལ་མཆུ་ཚུགས་བྱེད་པ་འདྲ། །

——ཏ་རྒྱུག་དཔྱིད་ཀྱི་ཉི་མ་ལས།

མཚར་བ་རྣམ་གསུམ་མིག་ལ་མངོན་སུམ་དུ་ཤར་བ་འདྲ་བའི་ཉམས་ཐོན་པ་ ལྟ་བུ་རྣམས་སོ། །

བཅུ་བདུན་པ། རྩོད་སྒྲུབ་ཀྱི་ཚིག་སྦྱོར།

བཙན་པོ་བཙན་ཚོད་མེད་ན་ཉམ་ཆུང་། །
ཕྱུག་པོ་སེར་སྣ་ཆེས་ན་མེད་པོ། །

ཐལ་ཆེ་ན་ཕྱིན་ཅི་ལོག་པའི་དོན་བསྟན།

དཔའ་མེད་ན་དཔུང་གིས་ཅི་བྱེད་མེད། །
དཔུང་མེད་ན་དཔའ་བོས་ཅི་བྱེད་མེད། །
གཉིས་འཛོམས་ན་སྡང་དགྲ་རྡུལ་དུ་བརླག །

དམག་དཔུང་དཔའ་རྩལ་ཆེ་ན་རྣམ་པར་རྒྱལ་བའི་དོན་བསྟན།

བཅོ་བརྒྱད་པ། བཟང་ངན་སྤུར་བའི་ཚིག་སྦྱོར།

ཁ་གཏམ་གཡུ་འབྲུག་སྐད་ལས་ཆེ། །
ལག་ལེན་ནམ་མཁའི་འཇའ་ལྟར་ཡལ། །

ཁ་བཟང་དོན་མེད་ཀྱི་མི་ལ་ཟུར་ཟ་བྱེད་པ།

དམ་པ་དཔོན་དུ་བསྐོས་གྱུར་ན། །

རང་གི་འབངས་ལ་ལྷག་པར་བྱམས། །
མ་རབས་མཐོ་སར་བཞག་གྱུར་ན། །
རང་གི་རིས་ལ་ལྷག་པར་འཚེ། །

བཟང་ངན་བསྡུར་ན་གསལ།

བློ་གྲོས་ལྡན་པའི་ལེགས་བསྐྱངས་ན། །
སྐྱེ་བོ་དམན་པའང་མཆོག་ཏུ་འགྱུར། །
སློབ་ཤེས་དག་གིས་ནེ་ཙོ་ལ། །
བསླབས་ན་འདོན་པ་ཤེས་པར་འགྱུར། །

——ས་སྐྱ་ལེགས་བཤད་ལས།

བླུན་པོ་ལ་སློབ་ཐབས་མཁས་ན་ཤེས་པར་གྱུར་བ་ལྟ་བུ་རྣམས་སོ། །

བཅུ་དགུ་བ། འགལ་བའི་སྙེབ་སྦྱོར།

མི་སྐྱིད་ས་མཐའ་འཁྱིམ་ཉིན་མོ། །
ཁུ་བྱུག་སྣང་བ་སྐྱོ་རོགས་རེད། །
མི་དགའ་བསམ་པ་སྡུག་ཉིན་མོ། །
ཁ་མཆར་ཚིག་པ་ཟ་རོགས་རེད། །

སེམས་སྡུག་དུས་དགའ་སྣང་སྐྱེ་ས་ཡང་ཚིག་པ་ཟ་སར་གྱུར་འགྲོ།

མཛེས་མའི་ཕྱུགས་དང་བསྟུན་ན། །
ཚེ་འདིའི་ཆོས་སྐལ་ཆད་འགྲོ། །
དབེན་པའི་རི་ཁྲོད་འགྲིམས་ན། །
བུ་མོའི་ཕྱུགས་དང་འགལ་འགྲོ། །

——ཚངས་དབྱངས་རྒྱ་མཚོའི་མགུར་ལས།

ཀློ་རྡེ་གཉིས་ཀྱིས་དོན་མི་འགྱུབ་པའི་དཔེ་བརྟན།

ཉི་ཤུ་བ། གབ་ཚིག་གི་ཐེབ་སྦྱོར།

ཀ་ར་མ། །
གུག་ར་མ། །
ཉིན་རྒྱུག་མ། །
མཚན་རྒྱུག་མ། །

ཚུ་པོ་རྟག་ཏུ་ལན་རེར་དྲང་མོ་དང་། ལན་རེར་ཀྱ་ཀྱུ་ཏུ་རྒྱུ་བ། ཚིག་སྦྱོར་ཡི་ལྷང་སྒྲིང་བ་བཞིན་སླན་ཆ་ཐོན་པའོ། །

མགོ་ཨ་ན་ན། །
སྙིད་པ་ཨ་ཚ་ཚ། །
རྐང་བ་ཨ་ཆུ་ཆུ། །

ཕུར་བ་བཏབ་ནས་རྟ་བརྫོད་པ་སྟེ། ཚིག་ཉམས་དང་དོན་ཉམས། གཉིས་ཀ་ཐོན་པ།

དབུས་ཀྱི་མཛོ་མོ་དཀར་རིལ་མ། །
བཞོ་རྒྱུ་མེད་ཀྱང་ངར་སྐད་ཆེ། །

ཏུང་དཔོར་ན་སྨྲ་ཆེ་བ་ལྟ་བུ་སོགས་སོ། །

ཉེར་གཅིག་པ། ཚོས་གྲངས་ཀྱི་སློབ་སྦྱོར།

ཕར་ཕྱིན་དྲུག

མི་ལུས་ཐོབ་པ་རིན་ཐང་ཆེ། །
མི་ཚེ་གཏོང་བར་སྙིང་པོ་དགོས། །
ཕར་ཕྱིན་དྲུག་གི་དཔལ་མངའ་བ། །
སྐྱེས་བུ་དམ་པའི་མཚན་ཉིད་ཡིན། །

མི་ཚེ་རིན་ཐང་སྦྱིན༷་པ༷་ཡིན། །
གཞན་ཕན་ལས་ལ་སྒོ་གསུམ་འབུལ། །
ལེགས་ཚོགས་བསྐྲུན་པའི་གོ་རིམ་དུ། །

ལན་འགར་སྡུག་ཀྱང་སྐྱིད་སྣང་ཤར། །

སྤྱོད་ལམ་འཇུན་པ་ཚུལ༷་ཁྲིམ༷ས་ཡིན། །
དགེ་ལ་དར་གྱིས་མདུད་པ་དགོས། །
སྡིག་པར་གསེར་གྱི་གཉའ་ཤིང་དགོས། །
ཉོན་མོངས་དུག་གསུམ་ཚར་དུ་གཅོད། །

དཀའ་ཐུབ་རྒྱལ་པོ་བཟོད༷་པ༷་ཡིན། །
ལུས་སྲོག་འབེན་དུ་ཚུགས་པས་ན། །
སྡུག་བསྔལ་བར་ཆད་མགོ་བོ་སྒུར། །
ཤིང་རྟའི་སྒྲོལ་འབྱེད་དགེ་མཚན་ཤར། །

བརྩོན༷་འགྲུས༷་གྲུབ་པའི་གྲོགས་མཆོག་ཡིན། །
ཆུ་ཆེན་ཐུག་ན་ལྕགས་ཟམ་འཕེན། །
རི་གཟར་ཐུག་ན་ཁུང་ལམ་རྡོལ། །
མི་འགྲུབ་བྱ་བ་ཅི་ཡང་མེད། །

བས༷མ་གཏ༷ན་དམིགས་ཡུལ་རྟག་བརྟན་ཡིན། །
དགེ་བའི་ལས་ཞིག་ལེན་པ་ལ། །
དཀའ་ཚོགས་ཆེ་ཡང་ཇི་མི་སྙམ། །
བློ་རྩེ་གཅིག་གིས་མངོན་པར་ཕྱོགས། །

རློངས་པའི་གཉེན་པོ་ཤེས་རབ་ཡིན། །
ནད་མུག་འཁྲུག་རྩོད་འཛོམ་པ་ལ། །
ཆོས་ཀྱི་དེ་ཉིད་རྟོགས་པ་ལས། །
ཐབས་ཤེས་ཟུང་འཇུག་དོན་ཀུན་འགྲུབ། །

ཆོས་ཀྱི་རྣམ་གྲངས་བརྗོད་པར། ཁེབས་རྒྱ་ཆེད་པ་དང་། ངེས་ཤེས་འདྲོངས་པ་ཞིག་དགོས།

དོན་ཚན་དྲུག་པ། ཚིག་ལྷུག་གི་སྙེབ་སྦྱོར།

བརྗོད་བྱའི་དོན་བསྒྲིང་ཡང་རྟོགས་སླ་བ། །
རྗོད་བྱེད་ཚིག་བརྗིད་ཅིང་ཚགས་དམ་པ། །
གོ་རིམ་འབྲེལ་ཆགས་ཤིང་ངོས་གཙང་བ། །
རོལ་མོ་དཀྲོལ་བ་བཞིན་ངག་སྙན་དགོས། །

དེ་ལུགས་མཚོན་པའི་དཔེ་འགའ་ཞིག་དགོད་པར་བྱ།

དང་པོ། བརྗོད་བྱའི་དོན་ཚན་ལ། གྲངས་ངེས་པ་ཞིག་དགོས།

དེ་ཡང་ཚིག་ག་རེ་རེའི་ཚིག་དབར་འདྲ་ཅུང་མི་འདྲ་ཅུང་། གནད་ཚང་བ་བརྗོད་བདེ་བ་ཞིག་དགོས། དཔེར་བརྗོད་ན།

(༧) སློབ་མའི་མཚན་ཉིད་ནི། བློ་གསལ་ཤེས་འདོད་བླ་མར་གུས།[1] ཞེས་པ། ངག་འགྲོས་རིང་ཐུང་ཕལ་ལམ་འདྲ་བ། ཚིག་ཉུང་དོན་རྒྱས་གནད་ལ་ཁེལ་བ། །

① ས་པཎ་ཀུན་དགའ་རྒྱལ་མཚན་གྱི་མཁས་འཇུག་ལས།

(༢) སློབ་དཔོན་གྱི་མཚན་ཉིད་ནི། ཚུལ་ཁྲིམས་དག་པས་ལུས་ངག་གཙང་བ། ཤེས་རབ་དག་པས་ལུང་རིགས་མཁས་པ། ལྷག་བསམ་དག་པས་གཞན་ལ་ཕན་པ།[①] ཞེས་པ། ཚིག་གི་ བླ་བོ་དོ་མཉམ་པ། ཁེབས་རྒྱ་ཆེ་ཞིང་སྙིང་པོ་སྒྲུག་པ།

(༣) བསླབ་པ་འཇུག་པའི་འདུ་ཤེས་ནི། རང་ལ་ནད་པའི་འདུ་ཤེས་དང་། དགེ་བའི་བཤེས་གཉེན་ལ་སྨན་པའི་འདུ་ཤེས་དང་། ཆོས་ལ་སྨན་བཟང་པོའི་འདུ་ཤེས་དང་། སློབ་གྲོགས་ལ་ནད་གཡོག་གི་འདུ་ཤེས་དང་། ཆོས་གོ་ཞིང་ཉམས་སུ་ལེན་པ་ལ། ནད་འཚོ་བའི་འདུ་ཤེས་འཛིན་དགོས།[②] ཞེས་པ། བརྗོད་བྱའི་གོ་རིམ་འབྲེལ་དམ་པ། ཡོན་ཏན་འགྱུར་བ་ལ་འདུ་ཤེས་ལྔ་འཛིན་དགོས་པའི་དོན། དཔེའི་སྒོ་ནས་ངག་སྙན་མོས་བརྩེ་ཆེ་ཆེར་བསྟན་བྱུང་།

གཉིས་པ། འདོད་དོན་སྒྲིན་བྱེད་དུ། ངག་ལ་དཔལ་ཤར་བ་ཞིག་དགོས།

ཨུ་ཅག་ལྷོ་འགྲངས་པས་མི་ཚོག །ཞིམ་ཞིམ་པོ་ཞིག་དགོས། རྒྱབ་དྲོས་པས་མི་ཚོག །བཟང་བཟང་པོ་ཞིག་དགོས། འཚོ་བ་གང་ཐུབ་ཕྱིད་པས་མི་ཚོག །ནམ་ཕྱུགས་ཀྱི་སོགས་ཞམ་ཞིག་དགོས།[③] ཞེས་པ། ཚིག་གི་སྙིང་པོ་མངོན་པར་བརྗོད་པ། མེད་ཐུག་ཆད་གསུམ་སྐོང་བྱེད་ལ། ཞིམ་ཞིམ་པོ་དང་། བཟང་བཟང་པོ་སྟེ། སྐར་ཆེན་འོད་འཚེར་བ་ལྟ་བུའི་མིག་གཉིས་བཏོད་ནས། འཚོ་བའི་འདུ་ཤེས་ལ། དགེ་མཚན་གྱི་སྙིད་སྣང་ཤར་བྱུང་།

གསུམ་པ། ཚོགས་ཆེན་གྱི་ཤོམ་ར་ལ། འདུ་འཛི་ཨུར་ཆེ་བ་ཞིག་དགོས།

གྱུ་སྟོད་ཉི་མ་གསེར་གླིང་། གྱུ་སྨེད་ཆ་ག་སྨིན་དྲུག །གྱུ་སྨད་ཛ་ལུང་ཤོག་དགུ་སོགས། གྱུ་གུ་ཡུལ་གླིང་བཅོ་བརྒྱད་ཀྱི་རྣན་མགོ་དཀར་མན་ཆད། གཞོན་ལྡེ་དམར་ཡན་ཆད། ཚང་མ་དཀར་མོ་གཉེན་རྫོང་དུ་འདུས་ཤིང་། རྒྱལ་མཆོག་གི

① ས་པཎ་ཀུན་དགའ་རྒྱལ་མཚན་གྱི་མཁས་འཇུག་ལས།

② དཔེ་ཆོས་རིན་ཆེན་སྤུངས་པ་ལས།

③ སྟོང་གི་མ་ཡིག་ལུང་བསྟན་ལས།

④ གྱུ་གུ་གོ་རྫོང་ལས།

སར་དེ་ཉིད། ལྷ་བླ་མ་བྱས་ན་དད་པ་ཆེ་ལེ། གོང་དཔོན་པོ་བྱས་ན་ཁེབས་པ་ཆེ་ལེ། སྟག་ཤར་བ་བྱས་ན་སྦྲོ་བ་ཆེ་ལེ་ཞིག་བྱས་ནས་བཞུགས། གཞན་དཔོན་རྒྱུད་དཔའ་ཐུལ་རྣམས་སོ་སོ་གང་བབ་གདན་ཁྲིར། སྟག་དམར་ཡག་ཤ་ལ་ཇམ་འདྲ། གཟིག་དར་མ་ཚང་ནས་ལངས་འདྲ། དོམ་ནག་པོ་ཁྲག་གིས་བཟི་འདྲ་བྱས་ནས་བཞུགས། ཞེས་པ། མཆོག་དམན་བར་མ་ཚུལ་དང་མཐུན་པ། གུ་ཡུལ་སྐྱི་ཐོ་མོ་ཀན་གཞོན་འདུན་སར་འཚོགས་པ། གླིང་གི་དཔའ་ཐུལ་རྣམས་སྟག་སེང་འགྲིང་སྟབས་ཀྱི་གྲལ་ལ་ཞུགས་པ། སྣོས་སུ་སེང་ཆེན་རྒྱལ་པོའི་གཟི་བརྗིད་ཉིན་མོར་བྱེད་པ་བཞིན་ཁྲི་ལ་བཞུགས་པ་སོགས། ངག་གི་ཤེལ་ཕྲེང་ཐུང་ཐུང་ཞིག་གིས། རྒྱལ་ཁ་བླངས་ཤིང་བདེ་ལ་བཀོད་པའི་རྒྱུས་ཚུལ་གསལ་བར་བསྟན་བྱུང་།

བཞི་པ། དགྲ་ནག་གི་གདུག་རྩུབ་ལ། སྐྱུག་བྲོ་བར་གཏོང་དགོས།

དུག་ཆུ་དྲག་རྐོང་ཐོག་འཕེན་ཟེར་བ་ཞིག་ཡོད་པ་དེས། དཀར་ཕྱོགས་ཆོས་ཀྱི་བསྟན་པ་རྡུབ། ནག་ཕྱོགས་བདུད་ཀྱི་གོ་འཕང་བསྟོད། དོན་མེད་མི་རྣམས་མདའ་ཡིས་བསད། ན་ཆུང་བུ་མོ་གཡེམ་ལ་འཁྲོག །ང་རྒྱལ་ལྷུང་ནག་ཤུར་ཤུར། ཞེ་སྡང་མེ་སྟག་འཚུབ་འཚུབ། དཔའ་གཏམ་འབྲུག་སྒྲ་ལྡིར་ལྡིར་བྱེད་བཞིན་པའི་སྐབས་ལ། ཞེས་པ། དགྲ་ནག་གི་གདུག་རྩུབ་ཡ་ང་བ་དང་། ནག་ཉེས་ཚབས་ཆེ་བ་སོགས་ལ། གཏམ་འཇིགས་ལ་ཟིལ་ཆེ་བས་མཚང་རྗེན་པར་བརྗོལ་ནས་སྐྱུག་བྲོ་བར་བྱས་ན། ལས་རྒྱུ་འབྲས་བརྩི་པའི་མི་དམངས་རྒྱ་ཆེ་བ་ཡར་ལངས་ནས། སྟོབས་ཤུགས་གཅིག་ཏུ་སྒྲིལ་ནས་དགྲ་ནག་ཚར་གཅོད་པར་འགྱུར་རོ། །

ལྔ་བ། ཚིག་ལྷུག་གི་རྒྱུན་ལས། ཚོགས་བཅད་ཀྱི་ཉམས་ཤར།

གཉེན་བཤད།[①]

ཨོཾ། ལགས་སོ། དེ་རིང་ཉི་མ་བཟང་པོ། བཀྲ་ཤིས་པའི་ཉི་མ། དོན་གྲུབ་པའི་ཉི་མ། དགེ་མཚན་ཤར་བ་ལས། གཉེན་བསྒྲིགས་ན། མི་ཚེ་གང་པོ་བཀྲ་ཤིས་

① རང་གིས་བརྩམས།

བདེ་ལེགས་ཡོང་ལ། མེ་ཏོག་དམར་པོའི་མཚར་ཡ་ལ། ལོ་མ་སྔོ་སྔོའི་སྐྱོར་གྲོགས་བྱས་ན། སྟོན་མོའི་དགའ་ཚལ་དུ་མཛེས་པའི་དཔལ་ཤར་རོ། །གཉེན་ཟླ་གཉིས་ཀ་བློ་རྩེ་གཅིག་པ། ང་རྒྱལ་མེད་པ། སྐྱིད་སྡུག་མཉམ་སྤྱོད། ཕ་མ་རྒན་རབས་ལ་རྩེ་བཀུར་ཆེ་བ། སྤུན་ཟླ་མཉམ་རབས་ལ་མཛའ་གཅུགས་ཆེ་བ། བྱིས་པ་ཆུང་རབས་ལ་བྱམས་བརྩེ་ཆེ་བ། མི་ཆོས་གཙང་མའི་སྲོལ་བསྐྱོད། སྤྱི་ཚོགས་བདེ་བའི་ཚུལ་སྲུང་། ནང་དུ་བསྡད་ན་ཁམས་དྭངས་པ། འཚོ་བ་སྐྱིད་པ། ཕྱི་ལ་སོང་ན་ལམ་བདེ་བ། དོན་བཟང་འགྲུབ་པ། ཕྱི་ནང་གི་བྱ་བ། ལས་ལས་བཙོས་བཙོས། འགྲིག་འགྲིག་ལེགས་ལེགས། མི་རིགས་ཀྱི་རྣམ་ཤེས་ནི། རིག་གནས་ཀྱིས་གྲུབ་པ་ཡིན་པས། བསླབ་ལ་དགའ་བ། ཡོན་ཏན་རྒྱས་པ། མི་ཚེའི་རིན་ཐང་ནི། སྦྱིན་པ་ལས་འཕེལ་བ་ཡིན་པས། གཞུང་ལ་རེན་པ། ལེགས་ཚོགས་འབྱུང་བ། འདོད་ཆགས་ཞེ་སྡང་གཏི་མུག་གསུམ་ཀུན་ཏུ་འཐུལ་བ། སྤྱི་སྒོམས་བྱམས་བརྩེ་ཤེས་རབ་གསུམ་རྣམ་པར་བཀྲ་བ། སྐུ་ཚེ་རིང་བ། བསོད་ནམ་ཆེ་བ། འཁོར་བ་ཕྱུག་པ། བཀྲ་ཤིས་དགེ་ལེགས་ཕུན་སུམ་ཚོགས། གཏན་དུ་བདེ་བ་འཐོབ་པར་ཤོག །ཅེས་པ། ཚིག་བཅད་ལྷུག་སྤེལ་མ་ཆུ་དང་འོ་མ་འདྲེས་འདྲེས།

གཉེན་བཤད་པའི་ཚིག་ལྷུག་གི་རྒྱུན་ལས། ཚིགས་བཅད་ཀྱི་ཉམས་ཤར། སྤེལ་མར་གྲུབ་པ། བརྗོད་བྱའི་སྙིང་པོ་ཕྱུག་པ། རྗོད་བྱེད་ཚིག་སྦྱོར་བརྗིད་པ། གསལ་ཞིང་དག་པ། མེ་ལོང་ལས་གཟུགས་ཉམས་ཤར་ཤར། གོ་རིམ་འབྲེལ་ཆགས་པ། ལ་ཟློ་ལུང་ཟློ་མེད་པ། ཐབ་རྩོད་ཐུར་ལ་འདྲིལ་འདྲིལ། གཏམ་སྙན་ལ་བག་ཇོ་བ། དོན་བཟང་ལ་བཅུད་ཆེ་བ་ཞིག་གོ།། །།

ས་བཅད་བཞི་བ། ལེགས་བཤད་སྣ་ཚོགས།

བོད་སྐད་ཀྱི་ཁྱད་ཆོས་ཇི་བཞིན་སྤེལ་སྦྱོར་གྱི་གཞུང་ལུགས་བྱུང་མེད་ཀྱང་། མིང་གི་གྲུབ་ལུགས་དང་ཚིག་ཕྲད་ཀྱི་ཐོབ་ཐང་ཕལ་ཆེར་སྤེལ་སྦྱོར་དུ་གྲུབ་པ་ཡིན་པས། སྔོན་བྱོན་མཁས་པའི་ཚོགས་བཅད་དུ་སྤེལ་སྦྱོར་གྱི་ཤན་ཞུགས་ནས་བརྗོད་བདེ་བར་གྲུབ་སྣང་། སྤེལ་སྦྱོར་གྱི་ལུགས་ལྟར་ངང་གིས་བྱུང་བའང་ཡོད། གཤམ་གསལ་གྱི་ལེགས་བཤད་སྣ་ཚོགས་བརྗོད་པ་བདེ་ཞིང་སྙིང་པོ་ཕྱུག་པ་ཏག་ཏག་རེད།

(འདིར་མཚམས་སྦྱོར་མེད་པ་རྣམས་ཕལ་ཆེར་ངག་རྒྱུན་དང་རང་རྩོམ་ཡིན།)

དང་པོ། བསླབ་བྱ།

བསླབ་པའི་དགོས་པ་བསྒྲུབ་པ་ཉིད། །
ངེས་ཤེས་མ་འཛྲོངས་བཀོལ་ས་མེད། །

བཟའ་བཏུང་གིས་ལུས་སྲོག་གསོ། །
བསླབ་སྦྱོང་གིས་ཡོན་ཏན་སྐྱེད། །

ཡི་གེའི་ལྡེ་མིག་རྙེད་ན། །
རིག་པའི་སྒོ་བརྒྱ་འབྱེད་ཐུབ། །

ཡོན་ཏན་དང་པོ་སློབ་དཀའ་ལ། །
ཤེས་བཞིན་མེད་ན་ཉམས་པ་སླ། །

མིག་དབང་མེད་པའི་དམུས་ལོང་གིས། །
སྣང་བྱེད་ཉི་མ་མི་མཐོང་བཞིན། །
རིག་བྱེད་ཡི་གེ་མ་ཤེས་ན། །
ལྷ་རིག་གཞུང་ལུགས་ཇི་ལྟར་རྟོགས། །

སྔོངས་མུན་འཇོམས་པའི་སྒྲོན་མེ་བསླབ་སྦྱང་ཡིན། །
དབུལ་ཕོངས་སེལ་བའི་མཐུ་སྟོབས་ཚན་རྩལ་ཡིན། །

མིང་གི་སྦྱོར་བ་མ་དག་ན། །
ཚིག་གི་སྦྱོར་བ་དག་ཚུལ་མེད། །
ཚིག་གི་སྦྱོར་བ་མ་དག་ན། །
བརྗོད་བྱ་ཇི་བཞིན་གོ་བ་དཀའ། །

ཡི་གེའི་དག་ཆ་ཕོ་མོ་མ་ནིང་ལ་རག་ལས། །
ཚིག་གི་དག་ཆ་བྱ་བྱེད་ལས་གསུམ་ལ་རག་ལས། །

དཔེ་ཆའི་རི་བོར་འགྲོ་བའི་ལམ་ནི་བརྩོན་འགྲུས་ཡིན། །
རིག་པའི་རྒྱ་མཚོར་རྐྱལ་བའི་གྲུ་ནི་དཀའ་ཐུབ་ཡིན། །

གཉིས་པ། ཁྲིམ་སློད།

བརྩོན་འགྲུས་ཅན་ལ་རིག་པས་ཕྱུག་པས་དོན་ཀུན་གྲུབ། །
ལེ་ལོ་ཅན་ལ་གཉིད་ཀྱིས་ཕྱུག་པས་མི་ཚེ་འཛད། །

ལེ་ལོ་ཡིས་འདྲེན་པ་མ་རིག་པ་དང་རྒུད་པ་ཡིན། །
བརྩོན་འགྲུས་ཀྱིས་འདྲེན་པ་ཤེས་རབ་དང་གྲུབ་པ་ཡིན། །
དེ་ཕྱིར་མི་ལྡོག་བརྟན་པའི་བརྩོན་འགྲུས་གོ་བགོས་ན། །
ལུང་རྟོགས་ཡོན་ཏན་ཡར་ངོ་ཟླ་བཞིན་འཕེལ་བ་ཡིན། །
——རྗེ་སྦྲིས་དགེ་བཤེས་ཀྱི་གསུང་།

ཕྱུགས་རྩྭ་ཆུ་བཟང་ན་ཤེད་རྒྱས། །
མི་ལས་ཚོགས་ཡང་ན་རྒྱུ་འབྱོར། །

སྐྱུ་བོས་ལྕག་གིས་མ་བསྐུལ་ན། །
བརྩོན་འགྲུས་རྟ་ཡི་བགྲོད་པ་བུལ། །

སྙོམས་ལས་བདེ་བའི་རོ་མྱང་དང་། །

གཉིད་ལ་བརྟེན་པའི་སྙིད་པ་ཡིས། །
འཁོར་བའི་སྡུག་བསྔལ་མི་སྐྱོ་ལས། །
ལེ་ལོ་ཉེ་བར་སྐྱེ་བར་འགྱུར། །

——སྤྱོད་འཇུག་ལས།

ལེ་ལོའི་བུད་ཤིང་བསྲེག་སླད་དུ། །
བརྩོན་པའི་མེ་ཆེན་སྦར་བ་ཡིས། །
ཉེས་པ་ཚོང་ཚོང་གཞན་དག་ཀྱང་། །
ངེས་པར་བཅོམ་པ་འདི་རྨད་བྱུང་། །

——རྒྱལ་ཚབ་དར་མ་རིན་ཆེན་ལ་བསྟོད་པ་ལས།

བརྩོན་འགྲུས་དག་དང་བྲལ་གྱུར་ན། །
དོན་ཆུང་ཡིན་ཡང་འགྲུབ་པར་དཀའ། །
བརྩོན་འགྲུས་ལྡན་ན་ཡོན་ཏན་ཀུན། །
རང་གི་ལག་ན་གནས་དང་མཚུངས། །

——འཇུ་མི་ཕམ་གྱི་ལུགས་ཀྱི་བསྟན་བཅོས་ལས།

གསུམ་པ། མཁས་ལྡན།

ཤེས་རབ་ནི་མཐུ་སྟོབས་ཡིན། །
ཤེས་རབ་ཀྱིས་ལས་དབང་བསྒྱུར་ཐུབ། །

ཕོག་མཁས་མདུང་མོའི་སོ་དང་འདྲ། །
ཁ་བཤད་མཛོས་པའི་མདུན་དར་འདྲ། །
ལག་ལེན་ནན་ཏན་མདུང་ཤིང་འདྲ། །
གསུམ་ག་འཛོམས་ན་མཁས་པ་ཡིན། །

——ཏ་རྒྱུགས་ནོར་བུ་ཚ་བདུན་ལས།

འཇིག་རྟེན་རྒྱུད་པ་ཇི་སྙེད་པ། །
དེ་ཡི་རྩ་བ་མ་རིག་སྟེ། །
གང་ཞིག་མཐོང་བས་དེ་ལྡོག་པ། །
རྟེན་ཅིང་འབྲེལ་བར་འབྱུང་བར་གསུངས། །

——རྗེ་ཙོང་ཁ་བའི་རྟེན་འབྲེལ་བསྟོད་པ་ལས།

རགས་པར་ཤེས་པ་ཞ་ཉེ་འཐིགས། །
ངེས་པར་ཤེས་པ་རལ་གྱི་དབལ། །

ཤེས་རབ་དང་བརྩོན་འགྲུས་འཛོམས་ན་མཁས་པ་ཉན། །
སྤྱི་ཚོས་དང་བསོད་ནམས་འཛོམས་ན་གཙོ་བོ་ཉན། །

མཁས་པའི་དབང་པོ་ཤིང་རྟའི་སྒྲོལ་འབྱེད། །
མཁས་པ་ཕལ་བ་མཚུངས་པ་ལད་ཟློས། །
མཁས་པ་ཐ་མ་གྲགས་པའི་རྗེས་འབྲང་། །

ངེས་ཤེས་ཆུ་ཐིགས་མང་དུ་སོགས་པ་ལས། །
ཟབ་ཡངས་རིག་པའི་རྒྱ་མཚོ་བློ་ལ་འཁྱིལ། །

མ་རིག་མཚན་མོའི་གྲོགས་པོ་ཡིས། །
བློ་གྲོས་པད་མོ་ཟུམ་པར་བྱེད། །

ནེ་ཙོས་ མ་ཧེའི་རྗེས་བཟླས་ཤེས་པ་འདི་དགའ་ཡང་། །
དོན་གྱི་ཆ་ཤས་ཙམ་ཡང་མི་ཤེས་འདི་སྐྱོ་བ། །
ཁ་ནས་སྐྱོ་སླུ་ཡང་ཡང་བླངས་པ་འདི་དགའ་ཡང་། །
རྒྱུད་ལ་སྦྱོར་བའི་ཉམས་ལེན་མེད་པ་འདི་སྐྱོ་བ། །

——ཐུའུ་བཀྭན་བློ་བཟང་ཆོས་ཀྱི་ཉི་མའི་ནམ་ཟླ་
དབྱར་དུས་སྐྱིད་པོ་བསླེབས་པ་ལས།

དཔྱད་པ་སྔོན་ལ་བཏང་ན་མཁས་པ་ཡིན། །
འགྱོད་པ་རྗེས་སུ་སྐྱེས་ན་གླེན་པོ་ཡིན། །

གཏན་ཚིགས་རིག་པ་བྱང་ཆུབ་ཅན། །
འགལ་འདུའི་ཕུང་པོ་ཐུག་པའི་ཚེ། །
མ་ཐག་མཐོང་གསལ་ཀུན་ཤེས་པས། །
དཀར་ནག་རྒྱ་ཐེབས་འགྱེད་ལ་མཁས། །

མཁས་པ་རང་གིས་དཔྱོད་ཤེས་ཀྱི། །
བླུན་པོ་གྲགས་པའི་རྗེས་སུ་འབྲང་། །
ཁྱི་རྒན་ཀུ་ཅོ་འདོན་པ་ན། །
རྒྱུ་མཚན་མེད་པར་གཞན་དག་རྒྱུག །

——ས་སྐྱ་ལེགས་བཤད་ལས།

བཞི་བ། ཁེངས་སྐྱུང་།

ང་རྒྱལ་ཅན་ལ་ཡོན་ཏན་རྒྱས་རྒྱུ་མེད། །
ཧམ་པ་ཅན་ལ་ནོར་གྱིས་ཚིམ་པ་མེད། །

མི་ཤེས་ཤེས་ཁུལ་བྱས་ན་སྒྲོབ་ཡིན། །
ཤེས་པ་ཁོག་རུལ་བྱས་ན་སྐྱོན་ཡིན། །

འབྲུ་མེད་སྙེ་མ་མགོ་འཕང་མཐོ། །
རགས་རིམ་ཤེས་པ་ང་རྒྱལ་ཆེ། །

ཤེས་པ་ཙམ་གྱི་རྒྱགས་པ་སྤྱོང་། །
མཁས་པ་ཡན་ན་མཁས་པ་ཡོད། །
རང་སེམས་བདེན་པ་རློམ་ན་ཡང་། །
མ་སྦྱངས་ཤེས་རབ་ཅི་ལ་འཐོབ། །

དྲེགས་པའི་ཡོང་བ་འགའ་ཞིག་ནི། །
རང་གི་སྐྱོན་རྣམས་མ་བསམ་པ། །
ཡོན་ཏན་ཕྲ་མོས་རབ་མགུ་པ། །
ཁྲོམ་པའི་ནང་གི་སྦལ་བ་བཞིན། །

ལྔ་པ། བཟང་ངན།

དཀར་ནག་ལས་རྣམས་བསམ་པ་བཟང་ངན་ལགས། །
བསམ་པ་བཟང་ན་ས་དང་ལམ་ཡང་བཟང་། །
བསམ་པ་དམན་ན་ས་དང་ལམ་ཡང་དམན། །
ཐམས་ཅད་བསམ་པ་དག་ལ་རག་ལས་སོ། །

——རྗེ་ཙོང་ཁ་པའི་གསུང་།

གསེར་སེར་པོ་བཙའ་མི་ཆགས། །
མི་བཟང་པོ་གནོད་མི་སྐྱེལ། །

མི་བཟང་པོའི་བསམ་པ་གསེར་དང་འདྲ། །
གསེར་བཟང་པོ་ཁ་དོག་འགྱུར་བ་མེད། །

དམ་པ་སྡིག་ལ་བབས་ན་ཡང་། །

རང་བཞིན་བཟང་པོ་ག་ལ་འདོར། །
ས་ལེ་སྦྲམ་ནི་བསྲེགས་བཅད་ཀྱང་། །
དེ་ཡི་ཁ་དོག་ཉམས་མི་འགྱུར། །

——ས་སྐྱ་ལེགས་བཤད་ལས།

དམ་པ་རེ་ཞིག་ཀྱུད་གྱུར་ཀྱང་། །
ཟླ་བ་བཞིན་དུ་ཡར་ངོ་འཕྲུང་། །
དམན་པ་ལན་ཅིག་ཀྱུད་གྱུར་ན། །
མར་མེ་བཞིན་དུ་མནལ་བར་འགྱུར། །

——ས་སྐྱ་ལེགས་བཤད་ལས།

ལམ་དྲང་འཁྱོག་རྐང་རྗེས་ལས་བྱུང་། །
མི་བཟང་ངན་བྱ་སྤྱོད་ལས་བྱུང་། །

རྟ་བཟང་ངན་ཐག་རིང་སོང་ན་ཤེས། །
མི་བཟང་ངན་འགྲོགས་ཡུན་རིང་ན་ཤེས། །

བུ་ངན་དྲིན་ལོག་སྐྱ་ག་ཁྲ་མཉམ། །
དཔོན་ངན་རྒྱ་གཟན་ཁྭ་ཏ་ནག་མཉམ། །

མི་ལ་ལེགས་ཚ་ཀུན་འདུས་མེད། །
གསེར་ལ་མ་སྦྱངས་བཙོ་མ་མེད། །

དྲུག་པ། སྐྱིད་སྡུག

ཡ་རབས་ཀུན་གྱི་སྒྲོན་པ་ནི། །
གཞན་བདེ་རང་སྐྱིད་ཡོ་ན་ཡིན། །

ཕྱི་ལུས་པོ་བདེ་ན་བདེ་བ་མིན། །
ནང་སེམས་ཉིད་བདེ་ན་བདེ་བ་ཡིན། །

བྱ་སྤྱོད་ཐམས་ཅད་ཀྱི་དམིགས་ཡུལ་ནི། །
གནོད་པ་དང་སྡུག་བསྔལ་མེད་པ་དང་། །
ཕན་པ་དང་བདེ་བ་ཐོབ་པ་ཡིན། །

——མདོ་ལས་གསུངས།

སྡུག་བསྔལ་ཕྲ་མོ་ཙམ་ཡང་མི་འདོད་ཅིང་། །
བདེ་ལ་ནམ་ཡང་ཚོག་ཤེས་མེད་པར་ནི། །
བདག་དང་གཞན་ལ་ཁྱད་པར་ཡོད་མིན་ཞེས། །
གཞན་བདེ་དགའ་བ་བསྐྱེད་པར་བྱིན་གྱིས་རློབས། །

——བླ་མ་མཆོད་པའི་ཆོ་ག་ལས།

སྐྱིད་ཀྱི་བག་ལོ་མཉམ་ཟ། །

སྡུག་གི་ཁུར་པོ་མཉམ་འཁུར། །

སྐྱིད་པ་གཉིས་བརྩེགས་འོང་དཀའ། །
སྡུག་པོ་གསུམ་བརྩེགས་འོང་སླ། །

སྐྱིད་ན་ཚར་བུ་རྩུབ་སྣང་ཤར། །
སྡུག་ན་ར་སླག་འཇམ་སྣང་ཤར། །

དགྲ་བོ་མ་ཐུབ་ཀྱི་སྡུག་བསྔལ། །
ཉེ་འབྲེལ་མ་འགྲོངས་ཀྱི་དོགས་པ། །
ནོར་རྫས་གསོག་སྲུང་གི་སེམས་ཁྲལ། །
གང་ཡང་མེད་པ་རྣམས་སྐྱིད་པ། །

——ཐུའུ་བཀྭན་བློ་བཟང་ཆོས་ཀྱི་ཉི་མའི་དབེན་གནས་ཕུར་བ་
ལྕོག་ཏུ་སྦྱར་པའི་མགུར་ལས།

བདེ་བ་ཅན་ལ་ལག་པས་འཕེན་མཁན་མེད། །
དམྱལ་བའི་ཁམས་ལ་རྐང་བ་འདྲུད་མཁན་མེད། །
རང་གི་སྐྱིད་སྡུག་རང་གི་ལག་ན་ཡོད། །
རང་གིས་རང་ཉིད་མི་བསླུ་ཤིན་ཏུ་གཅེས། །

——རྗེ་ སྒྲིམ་དགེ་བཤེས་ཀྱི་གསུང་།

འབྱུང་ཁམས་བདེ་བའི་གཞི་མ་འགྲུལ་སྐྱོད་ཡིན། །

སྤྱང་བ་བརྒྱ་ལས་འགྲོ་བ་གཅིག་གིས་དགའ། །

འཕྲུལ་དུ་ཅུང་ཟད་སྡུག་ན་ཡང་། །
རྒྱུན་དུ་བདེ་བ་མཁས་པས་བསྟེན། །
གཏར་སྲེག་དག་གིས་ན་འདོན་པ། །
སྨན་པ་མཁས་པའི་གཞུང་ལུགས་ཡིན། །

——ས་སྐྱ་ལེགས་བཤད་ལས།

སྡུག་ཐག་ཐུང་བའི་ཐབས་དགོས། །
སྐྱིད་ཐག་རིང་བའི་བློ་དགོས། །

སྡུག་བསྔལ་འདོར་འདོད་སེམས་ཡོད་ཀྱང་། །
སྡུག་བསྔལ་ཉིད་ལ་མངོན་པར་རྒྱུག །
བདེ་བ་འདོད་ཀྱང་གཏི་མུག་པས། །
རང་གི་བདེ་བ་དགྲ་ལྟར་འཇོམས། །

——ཞི་བ་ལྷའི་བྱང་ཆུབ་སེམས་དཔའི་སྤྱོད་པ་ལ་འཇུག་པ་ལས།

བདུན་པ། དགེ་སྡིག

ལས་དགེ་བ་བསྒྲུབས་ན་ཀུན་ལ་ཕན། །
ལས་སྡིག་པ་སྤྱད་ན་རང་ལའང་གནོད། །

སྡིག་པ་ཆུ་ཡིས་མི་ཁྲུས། །
སྡུག་བསྔལ་ལག་པས་མི་ཕྱོག །

སྐྱེ་བོ་སྟོང་གིས་སྡིག་པའི་ཡུལ། །
ནད་མེད་རང་བཞིན་འཆི་བར་འགྱུར། །

ལས་ངན་པའི་སྡིག་པ་མ་བསགས་ན། །
སྐྲག་དགོས་པའི་གཤིན་རྗེ་ཆོས་རྒྱལ་མེད། །

སེམས་ལ་སངས་རྒྱས་བཞུགས་ན། །
མདུན་ལམ་དཀར་པོར་བྱུད་ནས། །
གཞན་ཕན་ལས་ལ་གཞོལ་བ། །
རང་ལ་ཕན་ཆེན་ཐོག་པ། །

སེམས་ལ་གདོན་འདྲེ་ཞུགས་ན། །
གད་པ་གཡང་སར་འཁྱམས་ནས། །
གཞན་ལ་གནོད་པ་གཏོང་བ། །
རང་གིས་སྡུག་བསྔལ་མྱོང་བ། །

རྨ་བྱ་རང་གི་ལུས་ལ་རྟོག་པ་དང་། །
སྲིན་བྱ་གཞན་ལ་ལྷུས་ངན་གཏོང་བའི་དཔེ། །

རྒྱུད་ལ་བསྒོར་ནས་ལག་ལེན་མ་འཁྱུགས་ན། །
ཕུན་ཚོགས་མ་ལུས་མདུན་དུ་ཐུངས་ནས་འོངས། །
——རྗེ་ཕྲིས་དགེ་བཤེས་ཀྱི་གསུང་།

ཕར་ཆོས་བཤད་ཚུར་ལ་སྡིག་པ་བསགས། །
དྲིན་ཕར་བཏགས་ལན་དུ་གནོད་པ་སྐྱེལ། །
བློ་ཕར་གཏད་མགོ་སྐོར་ཚུར་ལ་གཏོང་། །
དུས་སྙིགས་མའི་མི་དང་འགྲོགས་པ་དཀའ། །
——ཐུའུ་བཀྭན་བློ་བཟང་ཆོས་ཀྱི་ཉི་མའི་གསུང་།

གྲོགས་པོ་ངན་ཞིང་འགྲན་ཟླ་མང་། །
སྦྱངས་པ་ཆུང་ཞིང་སློབས་པ་ཞན། །
བློ་གྲོས་ངན་པ་སྡིག་པའི་རྒྱུ། །
སྡིག་པ་འབྱུང་བའི་རྒྱུ་ལྔ་སྤང་། །
——ཀུང་ཐུལ་ཡོན་ཏན་རྒྱ་མཚོའི་ངག་བཟོ་བཤད་པ་ལས།

འདོད་ཆགས་ཞེ་སྡང་གཏི་མུག་གསུམ། །
དེས་བསྐྱེད་ལས་ནི་མི་དགེ་བ། །
མ་སྡང་མ་ཆགས་གཏི་མུག་མེད། །
དེས་བསྐྱེད་ལས་ནི་དགེ་བའོ། །
——སློབ་དཔོན་ཀླུ་སྒྲུབ་ཀྱི་གསུང་།

བརྒྱད་པ། སྐྱོན་ཡོན།

རི་ལ་རྩི་ཤིང་དགོས། །
མི་ལ་ཡོན་ཏན་དགོས། །

མེ་ཏོག་ཡོད་ན་ཡུལ་མཛེས། །
ཡོན་ཏན་ཡོད་ན་མི་མཛེས། །

ཁྱི་ཡི་ལང་ཚོ་མཛེས་ན་ཡང་། །
ཀློ་ཡི་ཡོན་ཏན་ནོར་བུ་ཡིན། །

ཤེད་སོས་མི་གཅིག་ཐུབ་ན། །
རིག་པས་མི་བརྒྱ་ཐུབ་ལ། །

མི་སྐྱོན་གྲམ་པའི་རྗེ། །
རང་སྐྱོན་རི་བོང་རྭ། །

སྣག་ཚའི་ཐིགས་པ་ཕྲ་མོ་ཡིས། །
གོས་དཀར་རིན་ཐང་བྲལ་ལ་ནོངས། །
ལང་ཚོ་མཚར་རྒྱུའི་མཛེས་མ་ཡང་། །

ཤེས་རིག་འོད་སྣང་ཆུབ་པས་འཕུང་། །

——རྗོ་སྦྲིས་དགེ་བཤེས་ཀྱི་གསུང་།

ཐབས་དང་ཤེས་རབ་བསོད་ནམས་གསུམ། །

གང་གི་དཔལ་དུ་ཡོངས་འཁྱིལ་བ། །

ཉི་ཟླ་ནོར་བུའི་འཁྲི་ཤིང་སྟེ། །

ཨེ་མ་འཛམ་གླིང་མཛོས་པའི་རྒྱན། །

——རྗོ་སྦྲིས་དགེ་བཤེས་ཀྱི་གསུང་།

དགུ་བ། བདེན་རྫུན།

བདེན་ལུང་བ་གཉིས་དེ་ཕུ་ཐག་རིང་། །

རྫུན་ཨ་ཁྲ་གཉིས་དེ་ཛ་མ་ཐུང་། །

བཤད་པ་མི་བདེན་སྒྲུད་པ་བདེན། །

ངུ་བ་མི་བདེན་མཆི་མ་བདེན། །

རང་ཉིད་ངན་སྤྱོད་མ་བྱས་ན། །

བརྒྱ་བྱིན་གྱིས་ཀྱང་སྨད་མི་ནུས། །

ཆུ་མིག་རང་ཉིད་མ་བསྐམས་ན། །

ས་ཡིས་མནན་པས་ག་ལ་ཐུབ། །

——ས་སྐྱ་ལེགས་བཤད་ལས།

རང་སེམས་བདེན་པར་རློམ་དྲེགས་ན། །
སྐྱེ་བོ་ཁྲིལ་བའི་རྒྱུ་རུ་འགྲོ།

ཁ་མཚུ་དངུལ་གྱིས་རྒྱག་པར། །
བདེན་པ་དགོས་དོན་མི་འདུག །
ཁ་གྲོག་ལྕེས་ཕུད་ཚོད་ས། །
ཉེས་ཅན་ཐར་བ་མི་འདུག །

——གེ་སར་སྒྲུང་གི་འབྲུངས་གླིང་ལས།

གཡོ་ཅན་ཚིག་ལ་རྟོན་འཇུག་པས། །
དྲང་པོས་དེ་ལ་བརྟག་དཔྱད་དགོས། །
བསླུས་རྗེས་ཁོ་བོ་དྲང་ངོ་ཞེས། །
རང་ལ་བསྟོད་པས་ཅི་ཞིག་ཕན། །

——ས་སྐྱ་ལེགས་བཤད་ལས།

ཕྱི་ཚུལ་དམ་པ་རུ་བཅོས་ནས། །
གཞན་མགོ་ཚུལ་འཆོས་ཀྱིས་བསྐོར་ཀྱང་། །
ལུང་རྟོགས་ཡོན་ཏན་གྱིས་དབེན་པས། །
ཤེས་རྒྱུད་ཐ་མལ་དུ་ལུས་སོ། །

——ཐུའུ་བཀྭན་བློ་བཟང་ཆོས་ཀྱི་ཉི་མའི་གསུང་།

དགེ་སློང་དག་གམ་མཁས་རྣམས་ཀྱིས། །
བསྲེགས་བཅད་བརྡར་བའི་གསེར་བཞིན་དུ། །
ལེགས་པར་བརྟག་ལ་ང་ཡི་བཀའ། །
བླང་བར་བྱ་ཡི་གུས་ཕྱིར་མིན། །

——སངས་རྒྱས་བཅོམ་ལྡན་འདས་ཀྱི་གསུང་།

བདག་ནི་སངས་རྒྱས་ཕྱོགས་མི་འཛིན། །
སེར་སྐྱ་སོགས་ལ་མི་སྡང་ཡང་། །
གང་ཞིག་རིགས་པར་བདེན་པའི་ཚིག །
སྨྲ་བ་དེ་ནི་སྟོན་པར་འཛིན། །

——ལྷ་ལས་ཕུལ་བྱུང་གི་བསྟོད་པ་ལས།

བཅུ་པ། རྒྱུ་འབྲས།

ནང་གི་ཉེར་ལེན་མེད་ན། །
ཕྱི་ཡི་རྐྱེན་གྱིས་མི་ཕན། །

ནམ་ཕུགས་ལེགས་པ་ཞིག་འདོད་ན། །
ལས་འབྲས་ལག་རྗེན་དུ་བྱ་དགོས། །

རྒྱུ་འབྲས་མེད་ན་ཚེ་གྲོགས་དཀའ། །

ལས་འབྲོ་མེད་ན་བུ་ཕྲུག་དཀའ། །

གང་ཞིག་རྒྱུ་རྐྱེན་རྟེན་འབྲེལ་འཛོམས་པ་ལ། །
འབྲས་བུ་ཕུན་སུམ་ཚོགས་པ་ཉིད་དུ་འགྱུར། །

ཟས་ཞིམ་པོ་མིག་གིས་མ་མཐོང་ན། །
ཟ་འདོད་ནས་མཆིལ་མ་མིད་དོན་མེད། །
སྨན་སྐྱེ་ཡག་མིག་གིས་མ་རིག་ན། །
ལུས་མི་བཟོད་འདོད་པ་ལངས་དོན་མེད། །

དེ་འདྲའི་ས་བོན་ཐམས་ཅད་ལས། །
རྒྱུ་དང་འདྲ་བའི་འབྲས་བུ་འབྱུང་། །
ས་བོན་མེད་པར་འབྲས་ཡོད་པ། །
ཤེས་ལྡན་གང་གིས་སྒྲུབ་པར་ནུས། །

——སློབ་དཔོན་ཀླུ་སྒྲུབ་ཀྱི་གསུང་།

བཅུ་གཅིག་པ། འགལ་འདུམ།

ཀློ་རྩེ་གཉིས་ཀྱིས་དོན་མི་འགྲུབ། །
ཁབ་རྩེ་གཉིས་ཀྱིས་འཚེམ་མི་ཡོང་། །

——བྱ་སྤྲེལ་གྱི་གཏམ་རྒྱུད་ལས།

སྤྲིབ་མའི་དྲ་བ་ཆད་ན་རྒྱ་མ་མི་ལུག་ཀ་མེད། །
སྦྱོས་བཏྲས་ནམ་གྲངས་མང་ན་འབྲུག་པ་མི་རྒྱག་ཀ་མེད། །

དགྲ་སེམས་ཞི་ན་མར། །
ཁོན་སེམས་བསགས་ན་རྫོ། །

སེམས་མཐུན་མ་གཅིག་བུ་སྤུན་འདྲ། །
ཤེད་མཐུན་བྱ་རྐོད་གཤོག་པ་འདྲ། །

མི་གསུམ་བློ་ཁ་མཉམ་ན། །
སྲེ་ཕྱུས་གྲུ་བཞི་ཉན། །
རྫོ་གསུམ་ཐོད་པ་གཏུགས་ན། །
སླང་ཆེན་ཐབ་གཞི་བཀྲིང་། །

——གེ་སར་སྒྲུང་ལས།

མཁའ་ལ་ཉི་མ་ས་ལ་པད་མོ་གཉིས། །
རིང་ཡང་མཛའ་བ་འགོག་པ་མེད་པ་བཞིན། །
གནས་ཀྱིས་བསྐལ་ཡང་ཕན་ཚུན་མཛའ་གཙུགས་སེམས། །
ཚད་མེད་ལུ་གུ་རྒྱུད་དུ་འབྲེལ་བར་མཛོད། །

——ཐུའུ་བཀྭན་བློ་བཟང་ཆོས་ཀྱི་ཉི་མའི་ཆབ་ཤོག་ལས།

མང་བོ་གྲོས་ལ་མཐུན་ན། །
རི་བོ་རྨང་ནས་བཤིག་ཐུབ། །
རྩིད་པ་ཉག་མ་ཕྲ་ཡང་། །
ཐག་པ་བསྒྲིམས་ན་འབྲོང་ཐོགས། །

དམ་པ་དབྱེ་དཀའ་འདུམ་སླ་སྟེ། །
དམན་པ་དབྱེ་སླ་འདུམ་པ་དཀའ། །
ལྷོན་ཤིང་དང་ནི་སོལ་བ་ཡི། །
བཅད་དང་སྦྱོར་བའི་ཁྱད་པར་ལྟོས། །

——ས་སྐྱ་ལེགས་བཤད་ལས།

ལུང་དང་རིགས་པའི་འབྲུག་སྒྲ་ཡིས། །
མཁས་མང་རྨ་བྱ་དགའ་བ་བསྐྱེད། །
བརྒལ་བརྟག་རྩོད་པའི་འཁོར་ལོ་ཡིས། །
ལོག་རྟོག་ཐྲག་རི་ཕྱེ་མར་བཏང་། །

——རྒྱལ་ཚབ་དར་མ་རིན་ཆེན་གྱི་བསྟོད་པ་ལས།

སེང་ཆེན་ནོར་བུའི་ཕྲིན་ལས་ནི། །
ཟླ་བ་ཡར་ཐེམ་འཕྲོན་པ་བཞིན། །
འབྲུག་པའི་ཚ་གདུང་ཞི་བར་བྱས། །
ཁམས་གསུམ་བདེ་ལ་བཀོད་པ་དགེ།

——ཁམས་གསུམ་བདེ་བཀོད་ལས།

བཅུ་གཉིས་པ། ཡིན་མིན།

ཐྲ་བའི་གནས་རྣམས་འབྱེད་མཁས་པ། །
དེ་ཉིད་རྟོགས་པའི་ཤེས་རབ་ཡིན། །

ལུས་སྐྱེད་བྱེད་རྩ་ཡིན། །
ངག་འཕེལ་བྱེད་རླུང་ཡིན། །
ཡིད་འཕེལ་བྱེད་ཐིག་ལེ་ཡིན། །

མི་ཡི་ཐོག་མ་སྲིད་པ་ཡིན། །
ཕྱུགས་ཀྱི་ཐོག་མ་རི་དྭགས་ཡིན། །
ལོ་ཐོད་ཐོག་མ་ཙོག་པོ་ཡིན། །
གོས་ཀྱི་ཐོག་མ་པགས་པ་ཡིན། །
ནད་ཀྱི་ཐོག་མ་མ་ཞུ་བ། །
སྨན་གྱི་ཐོག་མ་ཚ་ཁོལ་ཡིན། །

གྲུབ་པ་བཟང་ཆའི་འཕེལ་ཐོག་ཡིན། །
ཉམས་པ་སྐྱོན་ཆའི་སོགས་མ་ཡིན། །

འགྱུར་ན་མ་དྲིགས།

རིགས་པ་ལྷུན་པོའི་ཉེ་ས་ཡིན། །
རྒྱུད་ན་མ་ཞུམ།
ཞུམ་པ་སྨར་མའི་འགྲོགས་རོགས་ཡིན། །

དགེ་བའི་སྐྱིད་གྲོགས་དཔེ་ཆ་ཡིན། །
དཔའ་བོའི་སྡོངས་གྲོགས་མཚོན་ཆ་ཡིན། །
བྱིས་པའི་འདུག་རོགས་རྩེད་སྤྱད་ཡིན། །
ངལ་བའི་གསོ་རོགས་གཉིད་ཐུན་ཡིན། །

ཐམས་ཅད་དགའ་ན་དམ་ཆོས་ཡིན། །
ཕ་མ་དགའ་ན་དྲིན་ལན་ཡིན། །

དཔྱིད་ལུག་ནད་པ་ལུག་རྫི་སྨན་པ་ཡིན། །
དབྱར་ལུག་ཇག་པ་ལུག་རྫི་ར་མདའ་ཡིན། །
སྟོན་ལུག་ཤ་ཕོ་ལུག་རྫི་བྱ་ཁྲ་ཡིན། །
དགུན་ལུག་བག་མ་ལུག་རྫི་བག་སྐྱེལ་ཡིན། །

ཕྱི་མ་མི་ལྟ་ཆོས་པ་མིན། །
ཕྱིས་འབྱུང་མི་ལྟ་དཔོན་པོ་མིན། །
ཧམ་ཁྲིར་ཙམ་གྱིས་ཕྱུག་ལེ་མིན། །
ཧུབ་གང་ཙམ་གྱིས་རྒྱགས་ལེ་མིན། །

བཅུ་གསུམ་པ། ཡོད་མེད།

ཡར་སྐྱེས་ཤིང་ལ་རྩད་པ་ཡོད། །
མར་བབས་ཆུ་ལ་མགོ་ཁུངས་ཡོད། །
མགོ་ནག་མི་ལ་རུས་རྒྱུད་ཡོད། །
དཀར་ནག་ལས་ལ་དགེ་སྡིག་ཡོད། །

སེམས་ལ་འཆར་སྒོ་ཡོད་ན་ཀ་བའི་རྟེན་རེད། །
ངག་ལ་གདེང་ཚོད་ཡོད་ན་རྒྱ་སྒོའི་ཟྭ་རེད། །

ཞིག་རལ་རྡོ་རྗེ་བྲག་ལ་ཡོད། །
ཆག་གྲུམ་གོར་མ་རྡོ་ལའང་ཡོད། །

དཔའ་བོ་དང་སྐྱན་གྲགས་ལྷན་ན་ཡོད། །
ཉེས་ཅན་དང་བཙོན་ཁང་ལྷན་ན་ཡོད། །

ཤེས་རབ་ལས་བཟང་བའི་གྲོགས་མེད། །
ན་ཚ་ལས་ངན་པའི་དགྲ་མེད། །

དམུས་ལོང་ཁ་ན་ཉི་མ་མེད། །

མ་མཐོང་ཕྱིར་ན་མེད་པ་མིན། །

སྟོང་སྡེ་ཁ་ལ་གཟེ་མ་མེད། །
རིགས་དྲུག་མིག་ལ་ཡོལ་བ་མེད། །

ནོར་གྱིས་གདུང་ལ་གཉེན་མེད་བཤེས་ཀྱང་མེད། །
འདོད་པས་གདུང་ལ་འཛེགས་མེད་ངོ་ཚ་མེད། །
བཀྲེས་པས་གདུང་ལ་སྟོབས་མེད་མདངས་ཀྱང་མེད། །
ནད་ཀྱིས་གདུང་ལ་གཉིད་མེད་བདེ་བ་མེད། །

——ཙ་ན་ཀའི་རྒྱལ་པོ་ལུགས་ཀྱི་བསྟན་བཅོས་ལས།

ནམ་མཁས་མ་ཁེབས་ས་གཞི་མེད། །
བུར་ལ་མི་འབབ་ཆུ་བོ་མེད། །
རྟག་བརྟན་ཐེར་ཟུག་འདུས་བྱས་མེད། །
འབད་པས་མི་འགྲུབ་བྱ་བ་མེད། །

མ་སྦྱངས་མཁས་པའི་རང་བྱུང་འབྲས་བུ་མེད། །
མ་བསྒོམས་གྲོལ་བའི་རྟོགས་པ་གློང་རྟོལ་མེད། །
མ་བཤིགས་ཞིག་པའི་སྲིབ་པ་རང་ལོག་མེད། །
འགྲོག་རིའི་དགེ་སྦྱོང་དེ་ལ་ཕྱག་འཚལ་ལོ། །

——རྗེ་སྲིས་དགེ་བཤེས་ཀྱི་བསྟོད་པ་དད་པའི་
དྲི་བསུང་འཕྱུལ་བའི་སྤོས་ཀྱི་ཐིང་བུ་ལས།

རང་ཉིད་མ་གྲོལ་གཞན་སྒྲོལ་གདམས་པ་མེད། །
རང་ཉིད་མི་ཤེས་གཞན་སློབ་འཆད་རྩོམ་མེད། །
རང་ཚོད་མ་རྟོགས་དུས་གསུམ་རིག་པ་མེད། །
འགྲོག་རིའི་དགེ་སྦྱོང་དེ་ལ་ཕྱག་འཚལ་ལོ། །

——རྗེ་སྲིན་དགེ་བཤེས་ཀྱི་བསྟོད་པ་དད་པའི་
དྲི་བསུང་འཕྲུལ་བའི་སྤོས་ཀྱི་ཐིང་བུ་ལས།

བཅུ་བཞི་པ། རྒན་གཞོན།

གཞོན་པ་ཉམས་སྦྱོང་དཀོན། །
རྒན་པ་ཡིད་འཛིན་རྫིགས། །

གསར་བུ་ལོ་ཙུང་ཚོ་བརྒྱུགས་ན་ཤེད་རྒྱས། །
རྒན་པོ་ལོ་ལོན་གཉིད་སྐྱིད་ན་ཁམས་དྭངས། །

གཞོན་པའི་རྐང་རྗེས་ལས། །
རྒན་པའི་རྐུབ་རྗེས་མང་། །

ཁོང་བུ་མ་སོང་ལམ་འཕྲང་མང་། །
མཛོ་མོ་མ་འགྲིམས་རི་མགོ་མང་། །

མི་ཤེས་ན་མི་རྣན་ལ་དྲིས། །
མི་རིག་ན་རི་མགོ་ལ་བུད། །

གཞོན་དུས་བསླབས་པ་རྗེ་ལ་རི་མོ་བརྐོས་པ་འདྲ། །
རྒས་དུས་བསླབས་པ་རྗེ་ཐོགས་ཆུ་བླུགས་མི་འཐིམ་འདྲ། །

བཅོ་ལྔ་བ། རྐོད་ཞན།

ཕོ་ལ་རྐོད་ཞན་ཡོད་ན་ཡང་། །
སྲོག་ལ་སྨོམ་ཕྲ་ལར་ནས་མེད། །

བུ་དཔའ་བོ་སླག་རྒྱལ་སྦུགས་ན་ཡོད། །
མཚོན་རྣོན་པོ་ཀོ་ཤུབས་ནང་ན་ཡོད། །

ཕོ་འཐབ་ཚོད་ཟིན་ན་དཔའ་བོ་ཡིན། །
མོ་མཚར་ཚོད་ཟིན་ན་མཛངས་མ་ཡིན། །

དཔའ་འཐབ་ཚོད་ཤེས་ན་རང་སྲོག་བདེ། །
ཟས་ཟ་ཚོད་ཤེས་ན་རང་ལུས་བདེ། །

སྨྲག་རྒྱུ་མེད་པ་དཔའ་བོ་ལོས་ཡིན་ཀྱང་། །

ཚམ་ཚོམ་མེད་པ་སྤྱི་ལེབ་མི་ལྡེབས་འདྲ། །

——རྗེ་སྤྲིས་དགེ་བཤེས་ཀྱི་གསུང་།

རྟ་མགྱོགས་པའི་གོམ་པ་རླུང་དང་འདྲ། །
བུ་དཔའ་བོའི་ངར་བ་སྟག་དང་མཚུངས། །

བྱམས་པར་བྱས་ན་དགྲ་ཡང་གཉེན་དུ་འགྱུར། །
རྒྱབ་ཚོད་མ་ཟིན་བུ་ཡང་ཞེན་པ་ལོག །

ཁྲིམས་མེད་ཡུལ་དུ་ཚོམ་པོ་རྒོད། །
ཚོས་མེད་ཡུལ་དུ་སྡིག་ཅན་རྒོད། །

གཟན་ལ་རེ་བའི་སྤྱང་ཐང་དང་། །
རྩྭ་ལ་རེ་བའི་གཡང་དཀར་གཉིས། །
མཐོ་གསུམ་རི་ལ་ཐུག་པ་ལས། །
བཙན་པོས་ཉམ་ཆུང་ཟ་བར་བྱེད། །

——གེ་སར་སྒྲུང་ལས།

ཉམ་ཆུང་གྱུར་ཀྱང་ཟློན་ཤེས་ན། །
ཆེན་པོ་ཡིས་ཀྱང་གནོམ་པར་དཀའ། །
ཆེན་པོ་ཡིན་ཀྱང་བག་ཕེབས་ན། །
ཉམ་ཆུང་རྣམས་ཀྱིས་བརླགས་པ་མང་། །

——ས་སྐྱ་ལེགས་བཤད་ལས།

བཅུ་དྲུག་པ། བདག་གཞན།

རང་ཉིད་གཞན་ལ་ཕྱིན་པའི་ལན་མ་རེ། །
གཞན་དག་རང་ལ་ཕན་པའི་དྲིན་མ་བརྗེད། །

རང་སྐྱལ་འཚོ་བའི་སླན་བཞིན་བསྙེན། །
གཞན་ནོར་ཏ་ལོའི་དུག་བཞིན་སྤོང་། །

མི་ཡི་དེ་ཉིད་ཐོབ་པ་གང་། །
བདག་གཞན་ཕན་པར་བསྒྲོན་པའོ། །

རང་ཉིད་གཅེས་པར་འཛིན་པའི་གཅོང་ནད་འདི། །
མི་འདོད་སྡུག་བསྔལ་བསྐྱེད་པའི་རྒྱུར་མཐོང་ནས། །
ལེ་ལན་བདས་ལ་ཕོན་དུ་བཟུང་བྱས་ནས། །
བདག་འཛིན་གདོན་ཆེན་འཇོམས་པར་བྱིན་གྱིས་རློབས། །

——བླ་མ་མཆོད་པའི་ཚོ་ག་ལས།

བདག་ཉིད་གང་ལ་མི་དགའ་བ། །
གཞན་ལ་ཀུན་ཏུ་དེ་མི་བྱ། །
གཞན་གྱིས་ཙུང་ཟད་གཙེས་པའི་ཚེ། །

རང་ལ་བསམ་པ་ཅི་འབྱུང་སོམས། །

——ས་སྐྱ་ལེགས་བཤད་ལས།

གཞན་ལ་ཕང་བ་མ་མང་། །
རང་ལ་གཅུན་པ་མ་ཞུང་། །

རང་སར་མི་བཞག་བསམ་བློ་གཏོང་། །
མི་སར་རང་བཞག་བསམ་བློ་གཏོང་། །
ཁ་མལ་བརྗེས་ནས་འདང་བརྒྱབ་ན། །
འདོད་དང་མི་འདོད་ཤེས་ནས་འོངས། །

རང་གི་ལུས་ལ་དཔེ་ཟོངས་ལ། །
གཞན་ལ་གནོད་པ་མ་བྱེད་ཅིག །
མཚོན་ཆས་མི་འཇིགས་སུ་ཡང་མེད། །
འཆི་བའི་སྡུག་ལ་ཀུན་ཀྱང་འཛེམ། །

——དཔེ་ཆོས་རིན་སྤུངས་ལས།

རྒྱུ་འབྲས་བསྩིས་པའི་སྐྱེས་བུ་གང་། །
གཞན་ལ་གནོད་པའི་དཔེ་མི་སྲིད། །

རང་ཐག་རང་གིས་ཆོད་ལེ་དེ། །
གོང་དཔོན་པོས་གསེར་ཐམ་བརྒྱབ་པས་བཙན། །

རང་དབང་རང་གིས་ཟིན་ལེ་དེ། །
ཐབ་ཀོ་ས་གསེར་ཁྲིར་བཞུགས་པས་སྐྱིད། །

བཅུ་བདུན་པ། མཆོག་དམན།

སྐྱེས་མཆོག་རང་གི་སྐྱོན་ལ་ལྟ། །
སྐྱེ་བོ་ངན་པ་གཞན་སྐྱོན་འཚོལ། །
རྨ་བྱ་རང་གི་ལུས་ལ་རྟོག །
སྲིན་བྱ་གཞན་ལ་ལྟས་ངན་གཏོང་། །

——ས་སྐྱ་ལེགས་བཤད་ལས།

ཡོན་ཏན་ལྡན་པ་ཉི་མ་སྟེ། །
རང་གཞན་གཉིས་ཀ་གསལ་བར་བྱེད། །
རྨོངས་པའི་སྐྱེ་བོ་མུན་པའི་གློང་། །
བདག་གི་གདོང་ཡང་མི་མཐོང་ངོ་། །

——རྫོ་སྲིས་དགེ་བཤེས་ཀྱི་བསླབ་བྱ་དཔྱོད་ལྡན་
དགྱེས་པའི་གླུ་དབྱངས་ལས།

དམ་པ་དུལ་བས་རང་གཞན་སྐྱོང་། །
ངན་པ་རེངས་པས་རང་གཞན་སྡུག །
འབྲས་ལྡན་ཤིང་གིས་རང་གཞན་སྲུང་། །

ཤིང་སྐམ་རེངས་པས་རང་གཞན་སྡིག །

——ས་སྐྱ་ལེགས་བཤད་ལས།

བློ་ལྡན་རང་བཞིན་བཟང་པོ་དེ། །
མཆོག་དམན་བར་མ་ཀུན་གྱིས་བསྟེན། །
འཇུག་ངོགས་བདེ་བའི་རྫིང་བུ་ལ། །
སྐྱེ་བོ་ཐམས་ཅད་དགའ་བཞིན་འཇུག །

——ཆུ་ཡི་བསྟན་བཅོས་ལས།

ངན་པ་ཕལ་ཆེར་རང་གི་སྐྱོན། །
གང་ཡིན་གཞན་ལ་འགོད་པར་བྱེད། །
ཁྭ་ཏས་མི་གཙང་ཟོས་པའི་མཆུ། །
ས་གཙང་གཞན་ལ་འབད་ནས་འཕྱིད། །

——ས་སྐྱ་ལེགས་བཤད་ལས།

མཁས་པ་ཡོན་ཏན་དཔག་མེད་ཀྱང་། །
གཞན་གྱི་ཡོན་ཏན་ཆུང་ངུའང་ལེན། །
དེ་ལྟར་རྒྱུན་དུ་སྤྱད་པ་ན། །
མྱུར་དུ་ཐམས་ཅད་མཁྱེན་པར་འགྱུར། །

——ས་སྐྱ་ལེགས་བཤད་ལས།

སྐྱེ་བོ་དམ་པ་རིན་ཆེན་བཞིན། །

རྣམ་པ་ཀུན་ཏུ་འགྱུར་ལྡོག་མེད། །
སྐྱེ་བོ་ངན་པ་སྲང་མདའ་བཞིན། །
ཅུང་ཟད་ཙམ་གྱིས་མཐོ་དམའ་བྱེད། །

——ས་སྐྱ་ལེགས་བཤད་ལས།

བཅོ་བརྒྱད་པ། རྒྱུ་འབྲས།

འོ་མ་མར་གྱི་རྒྱུ་ཡིན་ཀྱང་། །
མ་དཀྲོགས་བར་དུ་མར་མི་འབྱུང་། །
ཇི་འདྲ་བ་ཡི་ལས་བྱས་པ། །
དེ་འདྲ་བ་ཡི་འབྲས་བུ་འབྱུང་། །

——མདོ་ལས།

རྒྱུ་འབྲས་བསླུ་བ་མེད་པ་འདི། །
ཐམས་ཅད་མཁྱེན་པའི་ཁྱད་ཆོས་ཡིན། །
མ་བསླབས་པ་ལ་ཀུན་མཁྱེན་དུ། །
འགྲོ་ན་རྒྱུ་འབྲས་ག་ལ་བདེན། །

——ས་སྐྱ་ལེགས་བཤད་ལས།

བྱ་གར་བབས་གྲིབ་མས་མི་གཏོང་བཞིན། །
རང་གར་འགྲོ་ལས་ཀྱིས་མི་གཏོང་བས། །

མི་རང་གི་རང་ལ་ཤ་ཚ་ན། །
ལས་དཀར་ནག་བླང་དོར་བྱས་ན་འཐད། །

——ཐུའུ་བཀྭན་བློ་བཟང་ཆོས་ཀྱི་ཉི་མའི་དཔལ་ལྡན་
འབྲས་སྤུངས་སུ་བྲིས་པའི་གླུ་ལས།

ལས་དབང་རང་གིས་བཅངས་ན། །
གཡོག་པོའང་དཔོན་པོ་ཉན་འགྲོ། །
ལས་དབང་གཞན་ལ་བཙོལ་ན། །
དཔོན་པོའང་གཡོག་པོར་ལོག་འགྲོ། །

དགེ་བའི་ལས་ལ་བདེ་བ་འབྱུང་། །
སྡིག་པའི་ལས་ལ་སྡུག་བསྔལ་འབྱུང་། །
འཕྲལ་དུ་དེ་བཞིན་མ་བྱུང་ཡང་། །
མཐའ་མ་ལས་ལན་ཐོབ་ངེས་ཡིན། །

བཅུ་དགུ་པ། བཤད་སྒྲུབ།

བུ་རབ་ཚིག་ཐོག །
འཕར་བ་རྗེས་ཐོག །

བུ་བཟང་པོ་ཁ་བཤད་དོན་ལ་གནས། །

མཚོན་རྣོན་པོ་ཤ་ཚོད་ཅུས་པ་ཐུབ། །

བཤད་པའི་ཁ་ལ་ཚངས་དབྱངས་གྲུབ། །
ཉན་པའི་ཡིད་ལ་ཤེས་རབ་སྐྱེས། །

ཁ་བཤད་ཆུ་ཡི་ལྦུ་བ་རེད། །
ལག་ལེན་གསེར་གྱི་ཐིགས་པ་རེད། །

——བྲེ་སྤྲེལ་གྱི་གཏམ་རྒྱུད་ལས།

ཁ་གཏམ་གཡུ་འབྲུག་སྐད་ལས་ཆེ། །
ལག་ལེན་ནམ་མཁའི་འཇའ་ལྟར་ཡལ། །

ཁ་བཤད་མཁས་མི་མཁས་ལ་མི་ལྟ། །
ལག་ལེན་མཁས་མི་མཁས་ལ་བལྟ་དགོས། །

ཚིག་གི་དག་ཆས་དོན་གྱི་གནད་འབྱིན་ཅིང་། །
དོན་གྱི་གོ་བས་ཚིག་གི་དག་ཐོན་པ། །
སྐྱེས་སྦྱངས་རིག་རྩལ་ལྷ་ཡི་ལྗུང་འདྲ་བས། །
རྩོམ་སྒྱུར་པད་མའི་དགའ་ཚལ་རྒྱས་གྱུར་ཅིག །

——རྗེ་སྒྲིས་དགེ་བཤེས་ཀྱི་གསུང་།

ཉི་ཤུ་བ། མང་ཉུང་།

བླུན་པོ་སྐྱ་བ་ཉུང་ན་མཛེས། །
རྒྱལ་པོ་ལྐོག་ཏུ་འདུག་ན་མཛེས། །
སྒྱུ་མ་བརྒྱ་ལམ་མཐོང་ན་མཛེས། །
ནོར་ཆེན་དཀོན་པས་རིན་ཐང་ཆེ། །

——ས་སྐྱ་ལེགས་བཤད་ལས།

ཏ་ཙང་མང་ན་མགོ་བོ་ཉོག །
ཏ་ཙང་ཉུང་ན་དོན་མི་གོ། །
མང་ཉུང་རན་པའི་སྐྱ་བ་གཅེས། །

སྐད་ཆ་མང་ན་འཁྱུགས་འགྲོ། །
སྐུད་པ་རིང་ན་ཆད་འགྲོ། །

བྱ་བ་བརྒྱ་ཡི་མགོ་བརྩམས་ཀྱང་། །
གྲུབ་པ་གཅིག་ཀྱང་ཡོང་རྒྱུ་མེད། །

གཏམ་ཁ་འབུད་མ་མང་ཇོང་ཞིག་རེད། །
གྱི་ཤུབས་ཁ་མ་སྦྱར་ཇོང་ཞིག་རེད། །

སྨྲ་མང་ཉེས་པ་འཛིན་པའི་རྒྱུ། །
མི་སྨྲ་ཉེས་པ་སྤང་བའི་རྒྱུ། །
ནེ་ཙོ་སྨྲ་བས་གཟེབ་ཏུ་བཅུག །
འདབ་ཆགས་ལྐུགས་པ་བདེ་བའི་རྒྱུ། །

——ས་སྐྱ་ལེགས་བཤད་ལས།

མ་ཧེ་དམིགས་བཅོ་སྐྱབས་འགྲོ་གསུམ། །
ཡིག་འབྲུ་ཉུང་ཡང་ཕན་ཡོན་ཆེ། །
གཡུ་དང་བྱུ་རུ་མུ་ཏིག་གསུམ། །
རྫོག་པོ་ཆུང་ཡང་རིན་ཐང་ཆེ། །
ཤགས་དང་ཁ་མཆར་བསྟོད་ར་གསུམ། །
བརྗོད་པ་ཉུང་ཡང་དོན་པོ་ཆེ། །

བློ་ཆུང་མང་དུ་འདུས་ན་ཡང་། །
བྱ་བ་ཆེན་པོ་བསྒྲུབ་མི་ནུས། །

རྩི་ཤུང་མང་དུ་བསྡམས་ན་ཡང་། །
ཁང་བའི་གདུང་མ་བཟོད་པར་དཀའ། །

——ས་སྐྱ་ལེགས་བཤད་ལས།

ནགས་ཚལ་ཤིན་ཏུ་མང་མོད་ཀྱང་། །

ཙན་དན་ས་མཆོག་སྐྱེ་བ་ཉུང་། །
དེ་བཞིན་མཁས་པ་མང་ན་ཡང་། །
ལེགས་བཤད་འབྱུང་བ་ཤིན་ཏུ་དཀའ། །

——ས་སྐྱ་ལེགས་བཤད་ལས།

ཉེར་གཅིག་པ། ངོ་སློག

ཐོག་ཁྲ་ཁྲ་ཕྱི། །
མི་ཁྲ་ཁྲ་ནང་། །

ཟས་ལ་ཞོ་ཡོད་པས་བྱིན། །
ནོར་ལ་དགྲ་ཡོད་པས་སྲུས། །

ཁ་བུ་རམ་ལས་མངར་བ། །
ཁོག་ཚེར་མ་ལས་རྣུབ་པ། །

གངས་འོག་རོ་མི་འཁྱུང་། །
ཤོག་ཁྲུད་མེ་མི་ཐིམ། །

མ་ཏྲུངས་ཁོག་བཙངས་རོགས་རམ་བྱེད་ཁྲུལ་གྱིས། །
བའུ་ལྟུང་འདྲིད་གཡོ་འོག་ཚུད་པར་བྱེད། །

ཚུར་འཕོར་ཊ་ཏུ་ཪ་གཉིས། །
ཕར་འཕོར་ཕུར་བ་ཟུར་གསུམ། །
གཡོ་སྐྱུའི་ཁ་ལོ་བསྒོར་བ། །
སྐྱེ་བ་ཐ་ཤལ་ཡིན་པ། །

རང་འདོད་ཕུགས་བཅུག་དད་པའི་རྣམ་འགྱུར་དང་། །
ཤ་ཚའི་ཐོལ་གྱིས་འཁྲིག་འཁྲིག་རྫུན་གྱི་གཏམ། །
སྣན་པར་སྨྲ་བས་མགོ་བོ་མགལ་མེ་བཞིན། །
བསྒོར་བའི་གཡོ་ཅན་སྐྱེ་བོ་དེང་དུས་མང་། །

——ཐུའུ་བཀྭན་བློ་བཟང་ཆོས་ཀྱི་ཉི་མའི་
གསེར་གྱི་ཉག་ཐག་ལས།

ཕྱི་ཚུལ་དམ་པ་ཏུ་བཅོས་ནས། །
གཞན་མགོ་ཚུལ་འཆོས་ཀྱིས་བསྒོར་ཀྱང་། །

ལུང་རྟོགས་ཡོན་ཏན་གྱིས་དབེན་པས། །
ཤེས་རྒྱུད་ཐ་མལ་དུ་ལུས་སོ། །

——ཐུའུ་བཀྭན་བློ་བཟང་ཆོས་ཀྱི་ཉི་མའི་
གསེར་གྱི་ཉག་ཐག་ལས།

གཡོ་ཅན་སྣན་པར་སྨྲ་བ་ནི། །
རང་དོན་ཡིན་གྱི་གྱུས་ཕྱིར་མིན། །

སྲིན་བྱ་བསྟེན་ནས་དགོད་པ་ནི། །
ལྤས་ངན་གཏོང་གི་དགའ་ནས་མིན། །

——ས་སྐྱ་ལེགས་བཤད་ལས།

ཁ་བུ་རམ་སྦྲང་རྩིའི་ཆར་འབེབས་ཀྱང་། །
ཁོག་སོལ་ནག་མ་མའི་མིག་དང་བསྡོངས། །
ཕྱི་དར་གོས་མེ་ཏོག་ཆུན་པོ་ཡང་། །
ནང་ངན་ཞེན་ལོག་ལྤའི་གཏེར་དུ་རྫོགས། །

——རྗེ་སྤྲིས་དགེ་བཤེས་ཀྱིས་ལྷུགས་ལོ་སོགས་ལ་
གནངས་པའི་འཕྲིན་ཡིག་ལས།

བསམ་པའི་སོག་ལེ་ཁ་གཉིས་མ། །
འདོད་པའི་སྡོང་པོ་མི་ཚོད་དོ། །

རྟགས་རྟེན་འབྲེལ་གནད་ལ་མ་གཏུགས་ན། །
དཀར་ནག་གི་ཁ་དམར་ཡོང་བའི་གཏམ། །

རྫུན་དང་ཕྲ་མ་གཡོ་སྒྱུ་གསུམ། །
སྐྱོ་ཏམ་གྱི་འཁོར་ལོ་བསྐོར་བ་དེ། །
འཕྲལ་ལམ་དུ་འགྲོ་ཡང་ཕུགས་སུ་ཕུང་། །
ལེ་ལན་ཛ་དང་ཛ་ལྷག་ཡིན། །

——བྱ་སྤྲེལ་གྱི་གཏམ་རྒྱུད་ལས།

སྤྱང་སླང་ཚུལ་བཞིན་བྱས་པ་མ་བྱུང་ཡང་། །
ངོ་ལྐོག་ཚུལ་འཆོས་མི་བྱེད་དམ་བཅའ་ཡིན། །

ཉེར་གཉིས་པ། ཚིག

གཏམ་བདེན་པ་ཁུ་བྱུག་གསུང་སྙན་འདྲ། །
དེ་གྲགས་ཚོ་དུད་འགྲོ་ཡིན་ཡང་དགའ། །
གཏམ་རྫུན་པ་འུག་པའི་གད་མོ་འདྲ། །
སུ་ཡིན་ཡང་རྣ་བས་ཉན་འདོད་མེད། །

གཏམ་འཛེགས་ལ་ཟིལ་ཆེ་བ། །
དོན་བཟང་ལ་བཅུད་ཆེ་བ། །

སྔོར་མེད་ཟས་ལ་བྲོ་བ་མེད། །
སྐྱུར་བློས་ཚིག་ལ་སྙིང་པོ་མེད། །

མདའ་འཕེན་ན་འབེན་ལ་ཕོག་དགོས། །
གཏམ་བཤད་ན་གནད་ལ་ཕོག་དགོས། །

ཟས་ལ་འཚོ་བཅུད་མེད་ན། །

བསྟེན་ཀྱང་ལུས་ཟུངས་མི་གསོ། །
གཏམ་ལ་ངག་རྩོལ་མེད་ན། །
བསྒྲགས་ཀྱང་རིང་དུ་མི་གྲག །
ཁ་མཁས་པ་ནམ་མཁའི་འཇའ་ཚོན་འདྲ། །
དོན་རི་མོ་ལག་པས་འཛིན་རྒྱུ་མེད། །

གླིན་པ་ལུག་གི་མགོ་བོ་ཅན། །
ཕ་སྐད་མི་དགོས་སྐྱེ་བོ་ཡིན། །
རང་རིགས་ལོ་རྒྱུས་ཆ་མེད་ཅན། །
ནགས་ཚལ་ནང་གི་སྤྲེལ་དང་འདྲ། །

ནོན་ཆ་དོན་གྱི་ལྡིད་མེད་ན། །
རྣམ་འགྱུར་རྩུབ་མོས་མི་ཐུབ་སྟེ། །
ལྷ་ཁ་དགྲ་འདོད་མི་ཡིས་འཕྱོ། །

——ཆོས་འབྱུང་འབེལ་གཏམ་ཐུང་ངུ་ལས།

ཏ་ཅང་དགའ་བའི་དུས་དང་ཁྲོ་བའི་དུས། །
སེམས་ལ་གང་ཤར་ཁ་ནས་འཆར་ཉེན་ཡོད། །
གྲི་བའི་ཕྱུགས་ནས་སྐྱུར་དང་བཙུན་པ་ཡིན། །

རྨ་གཞན་མཁས་ན་འཚོ་སྲིད་ཀྱི། །
ཉེས་པའི་ཚིག་རྨ་འདྲུབ་པ་མེད། །

ཁྭ་ཡིས་འུག་པ་རྒྱ་ཕབ་པས། །
བསྐལ་བའི་བར་དུ་འགྲས་ལ་ལྟོས། །

——ས་སྐྱ་ལེགས་བཤད་ལས།

གྲི་ཡུ་བ་མེད་ན་གཡུག་ཚུལ་མེད། །
གཏམ་ཕུགས་སོ་མེད་ན་བཤད་ཚུལ་མེད། །

ཉེ་རིང་མེད་པའི་གཏམ་བཤད་དགོས། །
ཆེ་ཆུང་མེད་པའི་སྐལ་བགོ་དགོས། །

ཡུལ་དང་དུས་ལ་བབས་པའི་ཚེ། །
རབ་ཏུ་བསྒྲིམས་ཏེ་ལན་འགའ་སྨྲ། །
ལེགས་བཤད་ཡིན་ཡང་མང་གྱུར་ན། །
ཚོང་ཟོང་ལྷག་བཞིན་བྲིན་མི་འགྱུར། །

——ས་སྐྱ་ལེགས་བཤད་ལས།

དེང་དུས་འཆད་པ་ཟབ་དོན་འབྲུག་གི་སྒྲས། །
ཀློ་གསལ་མཁྱེན་སྤྱོན་དགའ་བའི་མངལ་བུ་བསྐྲུན། །
རྩོད་པ་ལུང་རིགས་རྡོ་རྗེ་མེ་ཆར་གྱིས། །
ཕས་རྒོལ་ལོག་རྟོག་བྲག་རི་ཕྱེ་མར་བསྙིལ། །
རྩོམ་པ་སྙན་ངག་གསེར་གྱི་གླིང་བུའི་སྒྲས། །

བློ་ལྡན་རྣ་བར་བདུད་རྩིའི་དཔལ་ཡོན་སྟེར། །
——ཐུའུ་བཀྭན་བློ་བཟང་ཆོས་ཀྱི་ཉི་མའི་ཆབ་ཤོག་ལས།

སུམ་རྟགས་གཞུང་ལུགས་ཞིགས་པར་རྟོགས་པ་དང་། །
ཐ་སྙད་གང་མང་ཁོང་དུ་ཆུད་པ་ན། །
ཚིག་སྦྱོར་སྤེལ་བ་ཆུ་རྒྱུན་འབབ་པ་བཞིན། །
བརྗོད་བྱའི་དོན་རྣམས་མེ་ལོང་ཕྱིས་འདྲ་གསལ། །

ཉེར་གསུམ་པ། རྩོམ།

ཚིག་གི་ལོ་མས་མ་བསྒྲིབས་ཤིང་། །
དོན་གྱི་འབྲས་བུ་གཡུར་ཟ་བ། །
ཁ་གསལ་གོ་བདེའི་རྩོམ་པ་མཆོག།
སྐྱེ་བོ་བྱིངས་ཀྱི་གསོ་ཐིག་ཡིན། །

ཀུན་གྱིས་གོ་ཞིང་བརྗོད་པ་བདེ། །
དོན་དང་མཐུན་ཞིང་དཔེ་འགྲིག་པ། །
སྤྱི་ཕྱི་མི་ བློས་མི་འགལ་བླ། །
དབྱེ་བསྡུ་ཤེས་ན་མཁས་པ་ཡིན། །
——ས་པཎ་གྱི་རོལ་མོའི་བསྟན་བཅོས་ལས།

མཁས་པའི་བརྩམས་ཆོས་མདའ་རྩེ་མདུང་རྩེ། །
མཛེས་མའི་བཟོ་ལྟ་སྲ་གཟབ་ཆུང་གཟབ། །

མཁས་པའི་བྱ་བ་གལ་པོ་ཆེ། །
འཆད་རྩོད་རྩོམ་པ་གསུམ་ཡིན་ཏེ། །
འཆད་རྩོད་ངག་ལ་མ་ངེས་པ། །
སྲིད་ཕྱིར་མི་འགྱུལ་རྩོམ་པ་ཉིད། །

ཆུ་ལས་པད་མ་པད་མ་ལས། །
ཟེའུ་དེ་ལས་ཟིལ་དངར་ལྟར། །
མཁས་པ་གཅིག་ལ་གཅིག་བརྒྱུད་པའི། །
གཞུང་ལུགས་ཟབ་མོ་འཇིག་རྟེན་མཛེས། །

རང་བཞིན་གྱིས་གྲུབ་སྤྲོབས་པ་དང་། །
མང་དུ་ཐོས་དང་དྲི་མེད་དང་། །
མངོན་པར་སྦྱོར་བ་མི་དམན་པ། །
སྙན་ངག་ཕུན་སུམ་ཚོགས་པའི་རྒྱུ། །

——སློབ་དཔོན་དབྱིག་གཉེན་གྱི་གསུང་།

རྫོད་བྱེད་ཚིག་གི་སྐྲ་འདྲ་བཞེངས་པ་ལ། །
བྱ་བའི་མིང་གི་འདྲེན་བྱེད་བརྟོད་མཁས་པ། །
གནད་འདུས་སྲོག་གི་གསོན་ཉམས་ཐོན་པ་ལས། །

སྨྲ་བའི་ལྷ་མོ་གར་དུ་རྩེན་པ་མཐོང་། །

དངོས་པོའི་གནས་ལུགས་འཆད་པ་ལ། །
ལྷག་ཆད་འཁྲུལ་བ་འབྱུང་བ་སྐྱོན། །
——ས་པཎ་གྱི་སྡོམ་གྱི་རིགས་དང་ཁྱད་ཆོས་ལས།

སྐྱེ་བོ་བསྟན་བཅོས་མི་ཤེས་པས། །
ཡོན་ཏན་སྐྱོན་གཉིས་ཇི་ལྟར་དབྱེ། །
གཟུགས་ཀྱི་དབྱེ་བ་དམིགས་པའི་སྐབས། །
ལོང་བ་དག་ལ་ཡོད་དམ་ཅི། །
——ཞང་སྟོན་གྱི་སྙན་ངག་མེ་ལོང་གི་འགྲེལ་བ་ལས།

མཁས་པ་ཉིད་ནི་མེད་ན་བློ་གྲོས་རྣམས་ཉམས་མི་རྣམས་འཚོ་བ་དོན་ཡོད་མིན། །མཚུངས་མེད་རྒྱས་པའི་སྙན་ངག་མེད་ན་མཁས་པ་ཉིད་ནི་ནེ་ཙོའི་གློག་དང་མཚུངས། །
——སྐྱེས་རབས་དཔག་བསམ་འཁྲི་ཤིང་ལས།

སུམ་རྟགས་དག་གསུམ་མཁས་པར་མ་སྦྱངས་ན། །
ངག་གི་སྒྲ་རྩལ་ལེགས་པར་མི་སློན་པས། །
འཆད་རྩོད་རྩོམ་པར་སྤེལ་དག་དོན་གསལ་བ། །
ཡིད་དབང་འགུགས་པའི་ལེགས་བཤད་འབྱུང་བ་དཀའ། །

རྫོང་བྱེད་མེ་ལོང་མཐིབ་སྐྱུ་ཙམ་གྱི་ངོས། །
བཪྫོད་བྱའི་གཟུགས་བརྙན་འབྱུམ་ཕྲག་ཚུད་པ་བྲིན། །

ལུས་ནི་རེ་ཞིག་འདོད་པ་ཡི། །
དོན་གྱི་རྣམ་བཅད་ཚིག་གི་ཕྲེང་། །
དེ་ཡང་ཚིགས་བཅད་ལྷུག་པ་དང་། །
སྤྱིལ་མ་རྣམ་གསུམ་ཉིད་དུ་གནས། །

——སྙན་ངག་མེ་ལོང་ལས།

རང་བཞིན་སྟོན་པ་དྲང་བོ་གཅེས། །
རྣམ་འགྱུར་སྟོན་པ་འཁྱོག་པོ་གཅེས། །

——ཤོང་སྟོན་རྡོ་རྗེ་རྒྱལ་མཚན་གྱི་སྙན་གཞུང་ལས།

དེ་ཕྱིར་སྙན་ངག་ལ་ནི་སྐྱོན། །
ཆུང་བར་གྱུར་ཀྱང་ཅི་ཞིག་ལྟར། །
བཏང་སྙོམས་མི་བྱ་ལུས་མཛེས་ཀྱང་། །
སྐྱོན་གཅིག་གིས་ནི་སྐལ་ངན་འགྱུར། །

——ཤོང་སྟོན་རྡོ་རྗེ་རྒྱལ་མཚན་གྱི་སྙན་གཞུང་ལས།

གལ་ཏེ་སྒྲ་དོན་སྣང་བ་ཡིས། །
འཕོར་བ་གསལ་བར་མ་བྱས་ན། །
འཇིག་རྟེན་གསུམ་པོ་མཐའ་དག་ནི། །

སྐྱག་རུམ་མུན་པ་ཉིད་དུ་འགྱུར། །

——ཤོང་སྟོན་རྡོ་རྗེ་རྒྱལ་མཚན་གྱི་སྙན་གཞུང་ལས།

ཞེས་པ་ཁ་ནས་མ་ལབས་ན། །
བློ་གྲོས་ཁོག་པའི་ནང་དུ་རྨས། །
ཞིང་བཟང་པགས་པའི་འོག་ཏུ་རུལ། །
དགོས་དུས་མི་ཕན་དོན་མེད་རེད། །

——བྱ་སྤྲེལ་གྱི་གཏམ་རྒྱུད་ལས།

ཉེར་བཞི་པ། ཆོས།

ཆོས་ཀྱི་སྙིང་པོ་ངེས་འབྱུང་བྱང་སེམས་ཡིན། །
ཆོས་ཀྱི་སྤྱོད་པ་ཕྱིན་དྲུག་བསྡུ་བཞི་ཡིན། །
ཆོས་ཀྱི་མཐར་ཐུག་ངེས་དོན་དབུ་མ་ཡིན། །
ཆོས་ཀྱི་འབྲས་བུ་ཨེ་ཝཾ་ཟུང་འཇུག་ཡིན། །

——ཐུའུ་བཀྭན་བློ་བཟང་ཆོས་ཀྱི་ཉི་མས་གསུངས་པའི་
ཆོས་ཀྱི་གནད་འགག་བསྡུས་པ་ལས།

སངས་རྒྱས་བསྟན་པ་དར་བའི་རྗེས། །
དགེ་བ་སྒྲུབ་ཅིང་སྡིག་པ་སྤྱོང་། །
བོད་མི་མཆོད་ཕྱོགས་འཕྲེང་ཕྱོགས་གྱུར། །

རི་དྭགས་རྣམས་ཀྱང་བག་ཡངས་རྒྱུ། །

བྱས་པའི་ཆོས་རྣམས་ཐམས་ཅད་འཇིག་པ་ཡིན། །
མ་བྱས་ཆོས་ནི་ཀུན་གྱིས་རྟོགས་པ་དཀའ། །
ཆོས་སྤྱོད་གྲུབ་མཐའ་འཛིན་པའི་ཤེས་རབ་ཅན། །
ང་ཁྱོད་ཕྱོགས་རིས་མ་མཛད་ཐུགས་ལ་ཞོག །

——འབྲུག་པ་ཀུན་ལེགས་ཀྱི་གསུང་།

ཆོས་ཕྱོགས་རིས་མེད་ན་བླ་མ་ཡིན། །
ཁྲིམས་ངོ་སྐྱག་མེད་ན་དཔོན་པོ་ཡིན། །

རྒྱ་ཡོངས་སྤྱོད་བློ་ཡིས་མ་ཐོང་ན། །
ཁྲི་ཐོག་ན་བཞུགས་པའི་བླ་མ་ཡང་། །
ཆོས་གསུང་བའི་འབྲུག་སྒྲ་སྒྲོག་ལགས་ཀྱང་། །
གཞན་ཕན་གྱི་ཐུགས་རྗེ་འབྱུང་བ་དཀའ། །

——འབྲུག་པ་ཀུན་ལེགས་ཀྱི་གསུང་།

རྒྱ་བླ་མས་བསགས་ནས་འཁོར་བར་འཁྱམས། །
ཚོང་བན་དེས་བྱས་ནས་དམ་ཚིག་ཉམས། །
གཉེན་དགྲ་ལ་གྱུར་ནས་རྨོམ་པ་དཀའ། །
དཔོན་ཁྲིམས་ལུགས་བསྒོགས་ནས་ཡུལ་སྡེ་ཐུང་། །

——གྲུ་གུ་གོ་རྫོང་ལས།

སངས་རྒྱས་ཆོས་དང་དགེ་འདུན་དཀོན་མཆོག་གསུམ། །
བླ་མ་ཡི་དམ་མཁའ་འགྲོ་རྩ་བ་གསུམ། །
ངོ་བོ་རང་བཞིན་ཐུགས་རྗེ་ལ་གསོལ་འདེབས། །
སྐྱབས་མཆོག་ཨོ་རྒྱན་རྗེ་ལ་གསོལ་བ་འདེབས། །

——དབུས་བཟའ་མཁའ་འགྲོ་ཀུན་བཟང་
བདེ་སྐྱིད་དབང་མོའི་རྣམ་ཐར་ལས།

དད་པའི་ཨ་ཡོང་མེད་ན། །
འདྲེན་པའི་ལྕགས་ཀྱུས་མི་ཟིན། །

ཆོས་མ་ཧི་ཡིག་དྲུག་བྱིན་རླབས་ཆེ། །
ཆོས་དགེ་བཅུའི་ས་བོན་འདི་ཡིན་ཏེ། །
ལས་མི་དགེ་བཅུ་བོ་འདི་ཡིས་བཤགས། །
སྲིད་འདི་ཕྱིའི་བདེ་ལེགས་འདི་ཡིས་རྩོམ། །
ལས་ངན་པའི་འཁྲོ་ཆད་བཀྲ་རེ་ཤིས། །

ཉེར་ལྔ་བ། གབ་ཚིག

གཞོང་བ་སྔོན་པོ་ནང་། །
འཁར་བ་དཀར་དམར་གཉིས། །

དཀར་པོ་ཚ་བ་སྦྲོ། །
དམར་པོ་བསིལ་བ་སྦྱིན། །
(གནམ་དང་ཉི་མ་ཟླ་བ)

སྐབས་འགར་ཐོར་བའི་དབྱིབས་དང་འདྲ། །
སྐབས་འགར་དངུལ་གྱི་སྒེར་མ་འདྲ། །
སྐབས་འགར་ཡོད་ཀྱང་སྐབས་འགར་མེད། །
(ཟླ་བ)

ཡོངས་སྤྱོད་རིན་པོ་ཆེ། །
བལྟས་ན་རིག་རྒྱུ་མེད། །
ཐོས་ནས་བརྒྱུག་རྒྱུ་མེད། །
སེམས་ཅན་ཀུན་ལ་དགོས། །
(མཁའ་དབུགས)

སྟོད་ཀྱི་ཤིང་ཐན་སྐམ་པོ། །
ཤེད་ཆེན་བརྒྱ་ཡིས་གཅོད་མི་ཐུབ། །
སྨད་ཀྱི་འཕྲོང་རྭ་རྣོན་པ། །
མགར་བ་བརྒྱ་ཡིས་བཟོ་མི་ཐུབ། །
(རི་བོ་དང་ཆུ་བོ)

བལྟས་ན་མཐོང་རྒྱུ་མེད། །

སྐྱངས་ན་རིག་བྱ་མེད། །
འདས་ན་ལྡོག་རྒྱུ་མེད། །
མི་ཚེའི་བརྩི་གཞི་ཡིན། །
(དུས་ཚོད)

གནམ་གྱི་ཛ་བོ་ཆེ། །
སྤྲིན་གྱི་ཏུམ་ནང་ཡིབས། །
གྲགས་ཁ་མི་ལྷེ་འབར། །
ངར་སྐད་ས་གཞི་འཕར། །
(འབྲུག་སྒྲ)

ཡལ་ག་ཡོད་ཀྱང་རྩི་ཤིང་མིན། །
འབྲས་བུ་མི་ཐོགས་སྤྲོག་ཆགས་ཡིན། །
རྒྱ་མཚོར་སྐྱེས་ཤིང་ཁ་དོག་མཛེས། །
རིན་ཐང་ཆེ་བའི་ནོར་བུ་ཡིན། །
(བྱུ་རུ)

དབུས་ཀྱི་མཛོ་མོ་དཀར་རིལ་མ། །
བཞོ་རྒྱུ་མེད་ཀྱང་ངར་སྐད་ཆེ། །
(དུང་)

ཕར་འགྲོ་ཚུར་ཡོང་ལུས་མ་འཕག །

བསམ་རྒྱུ་མང་ཡང་འདང་མ་བརྒྱབ། །
ལྟད་མོ་མཐོང་ཡང་མིག་མ་ཕྱེ། །
ཞིམ་པོ་ཟོས་ཀྱང་ཁ་མ་རེག །
(རྨི་ལམ)

ལྕག་མེད་ཐང་ཤ་ཅན། །
འཕྲོང་མེད་ཏུ་ཐུར་ཅན། །
བྱ་མེད་གཤོག་ཐོགས་ཅན། །
དམག་མེད་མཚོན་ཆ་ཅན། །
དགེ་སློང་མེད་ཡང་ཁ་ཧོན་ཅན། །
ལུས་པོངས་ཆུང་ཡང་ངལ་རྩོལ་ཅན། །
(སྦྲང་མ)

མགོ་ཆུང་སྣེ་རིང་རྐང་ལག་ཐུང་། །
ལུས་པོ་ཁྲབ་ཀྱིས་བདེ་བར་བསྲུངས། །
ཉིན་མང་འཚོ་བྱེད་མ་བསྟེན་ཀྱང་། །
ཚེ་ཐག་ཧ་ཅང་རིང་པོར་གནས། །
(རུས་སྦལ)

མགོ་ཡོད་རྐེ་མེད་ཁོག་སྨད་རིང་པོ་ཅན། །
གཤོག་པ་ཡོད་ཀྱང་བར་སྣང་འཕུར་དབང་མེད། །
རྐང་པ་མེད་ཀྱང་ལེ་དབར་སྟོང་དུ་རྒྱུ། །

འགྱུར་རྩལ་ཆེ་བས་གཞན་གྱིས་ཟིན་པ་དཀའ། །

(ཉ)

མཚོ་བོ་རིང་ཞིང་རྣ་བ་ཆེ། །
ཐ་མ་སྤྲ་ཞིང་ཐུང་བ་ཅན། །
ངལ་རྩོལ་མི་ཤེས་ཟ་དགའ་ཆེ། །
ཕོ་བ་བརྒྱགས་དུས་ཉལ་ནས་འདུག །

(ཕག)

གར་སོང་གར་འདུག་རང་དབང་ཅན། །
དཀར་ཟས་མི་དགའ་དམར་ཟས་དགའ། །

(གཅན་གཟན)

བྱ་བ་མེད་དུས་གཉིད་ནས་འདུག །
ཀུན་མ་འོངས་ཚེ་འཛབས་ནས་བཟུང་། །

(ཞུམ་བུ)

ཕྱི་ནས་བཀད་ན་ཟ་མ། །
ནང་ནས་གད་ན་སྒྲོག་ཆགས། །

(བྱ་སྒོང་)

ཏ་མ་བརྒྱུགས་ལུབ་བ་རྗེས་ཀྱིས་གང་། །
(ཕོ་ཁ)

ལུས་ཀྱི་འདབ་གཤོག་རབ་ཡངས་ཤིང་། །
མཁའ་ལམ་གཞལ་བའི་ནུས་རབ་ལྡན། །
ནམ་མཁའ་ལྡིང་འདི་མཚར་ཆེ་སྟེ། །
རྣམ་ཤེས་མེད་པའི་གདོས་བཅས་སོ། །

——རྡོ་རྗེ་རྒྱལ་པོའི་སྙན་གཞུང་ལས།

(གནམ་གྲུ)

རྡོ་བརྩེགས་ཀྱང་བྲག་རི་མིན། །
འཁོར་ཐུབ་ཀྱང་འགྲོ་མི་ཤེས། །
འབྲུག་གྲགས་ཀྱང་ཆར་མི་འབབ། །
གངས་བབས་ཀྱང་གྲང་ངར་མེད། །
(རང་འཐག)

ནགས་མའི་ནང་གི་ཤིང་ཞིག །
གྲམ་པའི་ནང་གི་རྡོ་ཞིག །
རྒྱ་བོད་གཉིས་ཀའི་ཁལ་འགེལ། །
(རྒྱ་མ)

བྱི་རུའི་སྒམ་བུའི་ནང་། །
གསེར་གྱི་དོང་ཙེ་གང་། །
གཡུ་ཡི་ཟླ་ཞིག་བརྒྱབ། །
རང་བཞིན་ཨ་ཚ་ཚ། །
(སྲུར་པན)

ཉག་གཅིག་གདུང་འདེགས་འཕྲུལ་གྱིས་ཡོངས་བརྟེན་ཅིང་། །
གསེར་སྦྲུངས་རྩིབས་མ་བརྒྱ་ཡིས་ཉེར་མཛེས་པ། །
ལུས་ཀྱང་མ་བྱུས་རང་བྱུང་གསེར་གྱི་གུར། །
མཆད་སྤྱང་གི་ཚལ་ན་རྣམ་པར་བཀྲ། །
(ཤ་མོ་སེར་པོ)

སྤྲིབ་ཀྱི་སྤྱང་ལས་སྐྱེས་པ་དང་། །
དཀར་པོ་དངུལ་གྱི་ལྷ་བ་འདྲ། །
རྐས་དུས་ནང་དུ་དུད་པ་ཆགས། །
དེ་ཡི་ནུས་པས་ཁྲག་གཙོད་བྱེད། །
(ཕོ་བ་དགོ་དགོ)

མཛོ་རྐན་སའི་འོག་ན་ཡོད། །
སྣ་ཐག་སའི་སྟེང་ན་ཡོད། །
(ལ་ཕུག)

ཁང་བ་གྲུ་བཞིར་ཤེལ་སྒོ་སྲིད། །
ཤེལ་སྒོའི་ནང་དུ་ཕྱི་ལ་ལྟ། །
དཀའ་ཚོགས་ཟེར་ནས་དྲིས་མ་ཐག །
འགྲོན་པོ་ཁང་བའི་ནང་དུ་བསུས། །
(འདྲ་པར་ལེན་པ)

སྟོད་ཀྱི་ཕྱོགས་ནས་རྟ་ཞིག་ཡོང་། །
གཙང་པོ་ཁ་ནས་ཆུ་ཞིག་འཐུང་། །
ཐང་དུ་བརྒྱུགས་ནས་རྨིག་རྗེས་གཤར། །
(ཡི་གེ་བྲིས་པ)

གསུང་མི་འབྱོན་ནོ་སུ་རེད། །
ཁ་མི་གྲག་ནོ་སུ་རེད། །
(སྐུ་འདྲ་དང་ཡི་གེ)

སྟོད་ནས་ཤ་བ་དཀར་པོས་ཁ་གདངས་ན། །
སྨད་ནས་ཨོ་རྒྱན་པད་མའི་རྟ་འགྲོགས་ཀི། །
(མདའ་གཞུ)

ཤིང་མ་བཀུག་པའི་གཞུ་མཉེན་མོ། །
སྒྲོ་མ་སྦྱར་བའི་མདའ་སྲ་མོ། །

ལག་པ་གཅིག་གིས་འཕངས་པ་ན། །
ཕ་རོལ་དགྲ་ཡི་མགོ་བོ་དྲལ། །
(ཞུར་ཆ)

མཇུག་གི་གཏམ།

སྔོན་ཆད། ངས་སློབ་སྦྱོར་རིག་པའི་སློལ་འབྱེད་དཔྱངས་ཅན་ངག་གི་རོལ་མཚོ་ཞེས་བྱ་བ་ཞིག་རྩོམ་ཁྲོལ་བྱས་ནས། ཀན་སུའུ་མི་རིགས་དཔེ་སྐྲུན་ཁང་གིས་སྤྱི་ལོ་༡༩༩༥བའི་ཟླ་བ་༤པར། དེབ་༣༠༠༠དཔར་ནས་བཀྲམ་པ། ལོ་གཅིག་མ་འཁོར་བར་བཀྲམས་ནས་ཚར་སོང་། དགོས་མི་མང་བས། སླར་ཞུ་དག་བྱས་ནས་དཔར་འདདང་ཡོད་མོད། དཔེ་ཁྲིད་སོགས་སུ་ཁོམ་པ་མེད་པས་རིམ་འགྱངས་སུ་ལུས་སོང་། དེང་གི་གསར་བུ་ལོ་ཉུང་རྣམས་ཀྱི་བརྩམས་ཆོས་ལ་བལྟས་ན། གཙོ་ཆེར་སློབ་སྦྱོར་རིག་པ་མ་ཤེས་པའི་རྐྱེན་གྱིས། མིང་དང་ཚིག་གི་སྦྱོར་བ་ལས་སྐྱོན་ཆ་མང་དུ་མཐོང་ངོ་། །

ཚིག་ལྷུག་ལས། བཤད་རྩོལ་ཉག་གེ་ཉོག་གེ། ལྷབ་བེ་ལྷིབ་བེ་མང་བས། ཚིག་ངེས་མི་གཙང་། བརྗོད་ཆ་ཉམས་པ། ཚིགས་བཅད་ལས། དཔེ་འདྲེན་ཐབས་དང་། རྒྱན་འཇུག་ཐབས་ཞན་པས། ཚིག་ཉམས་མ་ཐོན་པ། དོན་ཉམས་མི་གསལ་བ་མང་། ལོ་ཙཱ་ལས། སྐད་རིགས་རང་རང་གི་མིང་དང་ཚིག་གི་སྦྱོར་བ་མི་འདྲའི་གནས་ལུགས་མ་རྟོགས་པར། རྗེ་ཆག་བཙན་བསྒྲིགས་དང་། བོང་ལྷོ་སྲ་བསྲེས་བྱས་པ་མང་། ཚིག་སྐྱོན་དང་དོན་སྐྱོན་དེ་རིགས་མཐོང་ནས། ངའི་སེམས་ལ་ཤར་བར། སློབ་སྦྱོར་ནི་སྒྲ་རིག་པའི་ཡན་ལག་ཅིག་རེད། སློབ་སྦྱོར་གྱི་གཞུང་ལུགས་མེད་ན། སྒྲ་རིག་པའི་ཞན་ཆ་ཆེ་ཞིག་རེད། བོད་སྐད་ཀྱི་ཁྱད་ཆོས་ཀུན་ནས་མཚོན་པའི་སློབ་སྦྱོར་རིག་པའི་གཞུང་ཞིག་ཡོད་ན། བློ་གསལ་གཞོན་པ་ཚོས་དེ་ལ་བསྟེན་

ན། འཆད་རྩོད་རྩོམ་གསུམ་གྱི་བློ་རྩལ་མྱུར་དུ་འཕེལ་འགྲོ་སླམ། ང་ལས་ཟུར་བྱུང་ནས། ད་མཚམས་ཁོམ་པ་ཡོད་པས། དགེ་སློབ་དུ་མའི་རེ་བ་ལྟར། སྔར་ཡང་སྔར་བརྩམས་པའི་སློབ་སྦྱོར་དེབ་ཆུང་དེ་གཞིར་བཟུང་། སྐྱིགས་དོར་བཅུད་བླངས། བློ་སྐྱེས་གསར་བ་བསྣན་ནས། སློབ་སྦྱོར་སྒྲོལ་འབྱེད་ངག་གི་རོལ་མཚོ་ཞེས་པ་འདི་བརྩམས། ཆང་ངན་ཅུང་ཟླ་ཡི་སྣ་འདྲེན། སྤྱི་ཚོགས་ཀྱི་དགོས་པ་ཅུང་ཟད་བསྐང་ཆེད་དཔར་དུ་བསྐྲུན་པ་ཡིན། ལེགས་ཉེས་ཅི་མཆིས། མཁས་པ་རྣམ་པས་དཔྱད་པར་མཛོད་ཅིག སྤྱིར་སློབ་སྦྱོར་ཤེས་ན་ཚོགས་བཅད་ལ་མི་རྫོངས་པར་མ་ཟད། ཡི་གེ་དང་མིང་ཚིག་བརྗོད་པ་ཀུན་ལ་ཕན་ཐོགས། རྗེས་སོར་ཐུའུ་བཀྭན་བློ་བཟང་ཆོས་ཀྱི་ཉི་མ་དཔལ་བཟང་པོའི་ལེགས་བཤད་འདི་འདིར་དྲངས་ནས་མཇུག་བསྡུས་པའོ། །

> གླིང་བུ་བསྒྱུར་ལ་མཁས་ན་འགྱུར་ཁུག་ཡིད་འཕྲོག་ཐོན། །
> རྩོམ་པ་སློབ་སྦྱོར་མཁས་ན་ཚིག་དོན་ཡིད་འཕྲོག་ཐོན། །
> ས་བོན་རྐྱེན་དང་ཚོགས་ན་རང་གི་འབྲས་བུ་འབྱུང་། །
> སེམས་བསྐྱེད་ཚོགས་གཉིས་འཛོམས་ན་དོན་གཉིས་འབྲས་བུ་འབྱུང་། །

བཀྲ་ཤིས་དགེ་མཚན་འབར་བར་ཤོག། །།

༄༅། །སྤེལ་སྦྱོར་སྒྲོལ་འབྱེད་ངག་གི་རོལ་མཚོ།

དཔའ་རིས་སངས་རྒྱས་ཀྱིས་བརྩམས།

རྩོམ་སྒྲིག་འགན་འཁུར་བ། ཤེར་དོན།
མདུན་ཤོག་ཇུས་འགོད། ལི་ཙན་ཞུང་།
པར་སྒྲིག་ཇུས་འགོད། གཙུག་ལག་ཁྱིང་བ་པར་སྒྲིག་ལས་གཉེར་ཁང་།

པར་སྐྲུན་འགྲེམ་སྤེལ། ཀྲུང་གོའི་བོད་རིག་པ་དཔེ་སྐྲུན་ཁང་།
པར་འདེབས། ཀྲུང་གོའི་གློག་བརྙན་དཔེ་སྐྲུན་ཁང་གི་པར་ཁང་།
དེབ་ཚད། 787mm × 1092mm 1/16
དཔར་ཤོག 9.5 དཔར་གྲངས། 1-5000
པར་གཞི། 2023ལོའི་ཟླ11པར་པར་གཞི་དང་པོ་བསྒྲིགས།
དཔར་ཐེངས། 2023ལོའི་ཟླ11པར་དཔར་ཐེངས་དང་པོ་བཏབ།

དཔེ་རྟགས། ISBN 978-7-5211-0123-2 རིན་གོང་སྒོར། 36.00

པར་དབང་འདི་གར་ཡོད་པས་པར་བཤུས་བརྒྱབ་ན་ཁྲིམས་ཆད་འཕོག